国家社会科学基金教育学一般课题"四书中的君子教育思想研究"（BEA160077）

君子与时代新人丛书

丛书主编 ◎ 钱念孙

从君子到时代新人

王啸 黄上芳 / 著

海峡出版发行集团 | 福建教育出版社

图书在版编目（CIP）数据

从君子到时代新人/王啸，黄上芳著．—福州：福建教育出版社，2019.3
（君子与时代新人丛书/钱念孙主编）
ISBN 978-7-5334-8376-0

Ⅰ．①从… Ⅱ．①王… ②黄… Ⅲ．①中华文化—通俗读物 Ⅳ．①K203-49

中国版本图书馆 CIP 数据核字（2019）第 036033 号

君子与时代新人丛书
丛书主编　钱念孙
Cong Junzi Dao Shidai Xinren

从君子到时代新人
王啸　黄上芳　著

出版发行	福建教育出版社
	（福州市梦山路 27 号　邮编：350025　网址：www.fep.com.cn）
	编辑部电话：0591—83781433　83786912
	发行部电话：0591—83721876　87115073　010—62027445）
出 版 人	江金辉
印　　刷	福州泰岳印刷广告有限公司
	（福州市鼓楼区白龙路 5 号　邮编：350003）
开　　本	890 毫米×1240 毫米　1/32
印　　张	5.25
字　　数	118 千字
插　　页	2
版　　次	2019 年 3 月第 1 版　2019 年 3 月第 1 次印刷
书　　号	ISBN 978-7-5334-8376-0
定　　价	16.00 元

如发现本书印装质量问题，请向本社出版科（电话：0591—83726019）调换。

总 序

借古开今展新篇

钱念孙

君子是中华民族千锤百炼的人格基因,是数千年中国人推崇的正面人格形象。时代新人是党的十九大报告对培养什么样的人提出的要求,是新时代中国特色社会主义塑造人才的新目标。表面看,两者似乎相隔遥远、差距较大,实质上,两者基本精神和内在要求高度重合、颇为一致。

综合时下多种权威解释,"时代新人"主要涉及五条标准,即有理想、明大德、强本领、勇担当、重实干。其实,这五个方面要求,古代先哲谈论君子特点时早有涉猎,并且不是浅尝辄止,泛泛而谈,而是响鼓重槌,反复申论。"君子谋道不谋食"(《论语·卫灵公》)、"君子学以致其道"(《论语·子张》)、"君子之志于道也"(《孟子·尽心下》),这不是强调君子要有理想有抱负吗?"君子以厚德载物"(《周易·坤卦》)、"君子怀德"(《论语·里仁》)、"君子见善则迁,有过则改"(《周易·益·象辞》),这不是把明大德作为成就君子的必备条件吗?"君子博学于文"(《论语·雍也》)、"君子病无能焉,不病人之不己知也"(《论语·卫灵公》),这不是将本领和能力看作君子的基本素质吗?"君子忧道不忧贫"(《论语·卫灵公》)、"君子之守，修其身而天下平"（《孟子·尽心下》），这不是肯定君子要有担当精神和忧患意识吗？"君子以自强不息"（《周易·乾卦》）、"君子耻其言而过其行"（《论语·宪问》）、"君子欲讷于言而敏于行"（《论语·里仁》），这不是推崇君子要有奋发有为的实干精神吗？正因为古代先贤有关君子的论说与当代如何做人做事的观念完全可以融会贯通，近年来我对如何立足中华优秀传统文化培育和践行社会主义核心价值观作了一些思考，提出君子文化最能代表中华民族深层精神追求和独特精神标识，是传统文化中具有当代价值和世界意义的文化精髓，是我们培育和践行社会主义核心价值观能够直接嫁接并开花结果的老树新枝等观点，①试图在传统君子人格与时代新人培养之间架起互鉴互通的桥梁和纽带。

如此突出君子人格与时代新人的内在联系，自然涉及对人文思想领域继承与创新关系的理解。"周虽旧邦，其命维新"，这句出自《诗经·大雅·文王》中的名句，多被解释为"周虽旧的邦国，其使命在革新"。作为"四书"之一的《大学》早就指出：此句与汤之《盘铭》"苟日新，日日新，又日新"、与《尚书·康

---

① 参见拙文《君子文化与社会主义核心价值观》，《光明日报》2014年6月13日，《新华文摘》2014年第19期；《君子：中华民族千锤百炼的人格基因》，《群言》2016年第2期，《博览群书》2016年第5期；《开垦君子文化沃土 收获精神文明硕果》，《光明日报》2016年4月11日；《君子文化在传统文化中的地位和影响》，《学术界》2017年第1期；《培育君子人格是传扬中华优秀传统文化的重要目标》，《中国艺术报》2017年3月13日；《君子文化的传统魅力与当代张力》，《光明日报》2018年4月3日；《君子文化浸润中国人的日常生活》，《光明日报》2018年11月20日，《学习活页文选》2018年第53期。

诰》"作新民"相联系。"苟日新，日日新，又日新"镂刻于商朝开国君主成汤的浴盆之上，意为每天沐浴洗澡去除污垢，才能保持洁净清新；引申意为每日以德净心和润身，才能保持思想、言行、人生的纯洁、健康和兴旺。"作新民"是指使人每日反省，悔过自新。因此，"周虽旧邦，其命维新"，并非说周朝脱胎换骨，革故鼎新，变成一个新的邦国，而是指"周朝虽为旧的国邦，命运却迎来每日之新气象"。宋代理学家程颐曾说："君子之学必日新，日新者日进也。"（《二程集·河南程氏遗书卷第二十五》）这里所说的"新"，并不是对原有学问的抛弃和否定，而是指在旧有学术基础上的不断进步，有所拓展和深化。纵观中国学术史，人文社会科学里谈论治国理政和思想道德的许多概念，虽然在不同时代有不同表述，并且每个时代常常更多声张自己与既往不同和相异的一面，但实质上，不同词汇和说法不仅意蕴一脉相承，而且内涵大同小异，并行不悖。

譬如，我们今天所说的"以人民为中心"执政理念，与古代"民惟邦本，木固邦宁"（《尚书·五子之歌》）、"民为贵，社稷次之，君为轻"（《孟子·尽心下》）等民本思想，不仅意脉相互贯通，精神也高度契合。其他如崇尚清廉为政、勤勉奉公，倡导严于修身、俭约自守等等，莫不如是。为什么唐太宗怀念魏徵时说"夫以铜为镜，可以正衣冠；以古为镜，可以知兴替，以人为镜，可以明得失"（《旧唐书·魏徵传》）？为什么在社会生活疾速推进的当下，我们仍强调继承弘扬中华优秀传统文化的重要性？其原因就在于：现代由古代延续而来，现代只是历史长河中的一瞬，而漫长的古代不仅在时间上是千百个既往现代的累积，并且在知识文化上拥有无数既往经验和智慧的积淀。人类社会发展，除自然科学及工程技术领域会产生彻底否定和颠覆既往理论及技术的状况外，人文社会科学领域许多反映社会和人生基本生存规律的理念及思想，往往并不会随着时代变迁或朝代更迭而失去意义，反而会随着时间推移和历史检验绽放更加夺目的光彩。人们之所以经常说鉴往知来、借古开今，就在于历史和传统中饱蕴着大量处理今天繁难事务的智慧和启示。

正因如此，福建教育出版社策划出版这套"君子与时代新人丛书"，可谓别具只眼，很有意义。人是社会实践的主体，是推动社会历史前行的动力，人的成长既被社会生活所塑造，又在社会进步中实现自身发展。这套书不是简单教条地阐述"时代新人"的内涵和意义，而是把"培养担当民族复兴大任的时代新人"的宏伟任务，放在数千年中华民族探索如何做人、做什么样人的历史中进行考察，放在中华民族历来推崇的可学可做并应学应做的理想人格，即君子人格形成与发展的过程中进行讨论，追本溯源，温故知新，探幽穷赜，钩深致远。丛书既有《君子名言》这样从历代浩瀚典籍中精选和解读前贤有关君子论述的箴言录，也有《君子故事》这样从漫长历史中搜集和展示君子感人事迹的掌故集；既有《何为君子》这样从理论上思考和探讨君子内涵及外延的学术札记，又有《从君子到时代新人》这样琢磨和寻觅中华民族集体人格塑造及培育路径的思辨随笔。拜读丛书书稿，虽通过编辑或直接向作者提过一些修改意见，但总体看，丛书几位作者均学有根底、写作态度认真、表达富有个性特色。《君子名言》的匠心选择和准确译评，《君子故事》的生动讲述和绝句开篇，《何为君子》的娓娓道来和条分缕析，《从君子到时代新人》的犀利文风和锐意己见，尤其是其通过培养君子公民造就时代新人的观点及分析，都让人留下深刻印象并深受教益。

因在倡导和开展君子文化研究及实践方面尽了一点绵薄之力，福建教育出版社孙汉生先生约我担任丛书主编并嘱序。这使我有机会较早接触到丛书的选题策划，先睹为快阅读了诸位学者的书稿，产生一些粗浅感想及看法。这里和盘托出，鱼目混珠，权充为序。

目 录

自序一　作为君子之学的四书 …………… 王　啸 1
自序二　从对中国文化的误读说起 ………… 黄上芳 6

第一篇　学以成人 …………………………… 15
一、立德树人 …………………………… 15
二、免于寄生的道德 …………………… 17
三、免于侵犯的道德 …………………… 20

第二篇　为什么不是学以成"好人" ……… 24
一、"好"不是额外 …………………… 25
二、"好"低估了人性 ………………… 26
三、"好"会让人误解为"无中生有" …… 29

第三篇　仁者，人也 ………………………… 31
一、仁，人之安宅也 …………………… 31
二、不仁者，非所安而安 ……………… 35
三、仁者以天地万物为一体 …………… 39

第四篇　仁，从人从二 ········· 43
　　一、人相偶谓仁 ············· 44
　　二、心与理二分之弊 ··········· 46
　　三、心外无物，心外无理 ········· 50
　　四、义理无定，不可外求 ········· 55

第五篇　时代新人：君子公民 ········ 60
　　一、君子学说面临的挑战 ········· 60
　　二、走向君子公民 ············ 64
　　三、君子公民的探索 ··········· 66

第六篇　日新之谓盛德 ··········· 74
　　一、"人善被人欺"困境 ········· 74
　　二、人人须修身以俟命 ·········· 80
　　三、君子作为人的一种道德境界 ····· 86

第七篇　君子务本：亲亲为大 ········ 89
　　一、孝悌，为仁之本 ··········· 89
　　二、大孝，终身慕父母 ·········· 93
　　三、永言孝思，孝思维则 ········· 96
　　四、子从父命，孝乎 ··········· 98

第八篇　君子自知 ········· 101
　一、知命 ··············· 102
　二、知类 ··············· 106
　三、知己 ··············· 113
　四、知识（闻见之知）········ 118

第九篇　君子自爱 ········· 121
　一、人不为己，天诛地灭 ······ 121
　二、懈意一生，便是自弃自暴 ···· 124
　三、人人皆可为尧舜 ········ 127

第十篇　君子自信 ········· 131
　一、至诚如神，可以前知 ······ 131
　二、可欲之谓善，有诸己之谓信 ·· 134
　三、己欲立而立人，己欲达而达人 · 139

第十一篇　德性自足 ········ 144
　一、此心光明，亦复何言 ······ 144
　二、圣人之道，吾性自足 ······ 147
　三、破山中贼易，破心中贼难 ···· 150

结语　君子公民，其可待乎？ ···· 155

自序一

作为君子之学的四书

王 啸

文化即人化。

文化的最高成就乃是人格。

西方文化的最高成就是培养绅士，中国文化的最高成就则是生成君子。一部中国文化史，说到底，就是一部"天行健，自强不息"的君子人格的进化史。

"观乎天文，以察时变；观乎人文，以化成天下。"

在奠定中华文明基础的先秦时期，"君子"一词频现于典籍之中。综合有关辞典和研究，"君子"于《尚书》中凡8见（可信者4次），《周易》中124见（其中《易经》20见，《易传》104见），《诗经》中183见，《墨子》中115见，《左传》中181见，《荀子》中297见。

传世文献最早所见"君子"一词，出自《尚书·无逸》"君子所，其无逸"，东汉大儒郑玄注曰："君子，止谓在官长者。"意谓君子在位为政，不能安逸。梁启超先生在题为《君子》的著名演讲中指出："《周易》六十四卦，言君子者凡五十三。"其中，就有对中华民族产生了深远影响的"天行健，君子以自强不息"

和"地势坤,君子以厚德载物"。《诗经》则贡献了诸如"窈窕淑女,君子好逑"之类的千古佳句。作为先秦儒家的集大成者,荀子更是认为,"天地生君子,君子理天地",无君子则天地不理,"治生乎君子,乱生乎小人",国家兴衰系于君子。

可以说,作为有权势、有地位的社会精英,君子的素质在很大程度上决定了社会的文明状态,甚至影响着历史的进程。

然而,最能体现中华民族君子人格丰富内涵和无穷魅力的是四书。

四书是中国人的"圣经",其中蕴藏着中华民族的生命密码、文明基因乃至性格特质。正是在四书中,君子的内涵得到了最清晰、最全面、最有生命力的阐发。可以说,四书就是君子之学。

"君子"在《论语》中凡107见,在《孟子》中82见,在《大学》中15见,在《中庸》中34见。

孔子之前,"君子"一词主要是从政治角度定义,并无明显的道德人格含义。孔子则赋予了君子这一称号新的内涵,使"君子"一词具有道德品质的属性,完成了由在位者向有德者的意义转变。通过由位而德的意义转换,孔子确立了以君子为目标,以文、行、忠、信为内容,"志于道,据于德,依于仁,游于艺"的君子学说,并率身垂范,努力和弟子一起做一个"修己以敬""修己以安人""修己以安百姓"的君子,以达到"仁者不忧,知者不惑,勇者不惧"的君子境界,成为建立文明社会新秩序的生力军。从此,君子成为儒家培养人才的规范和标准,成为中国人世世代代向往和追求的理想人格。这是孔子为中国文化做出的伟大贡献。

孟子以"大丈夫"学说发展了孔子的君子思想。所谓"大丈夫"者，"居天下之广居，立天下之正位，行天下之大道。得志，与民由之；不得志，独行其道。富贵不能淫，贫贱不能移，威武不能屈"（《孟子·滕文公下》）。这种散发浩然正气的"大丈夫"具有"如欲平治天下，当今之世，舍我其谁也"（《孟子·公孙丑下》）的英雄气概。如此，才能变乱世为治世，变无序为有序，变无道为有道。这是孟子对君子学说做出的重大贡献。

《大学》和《中庸》对于君子的定位，前者侧重于心，所谓诚意正心；后者侧重于性，所谓率性之谓道。《大学》在三纲领、八条目的基础上明确把修身作为君子之本，"自天子以至于庶人，壹是皆以修身为本"，展现了君子之道的功夫意蕴和实践路径。而《中庸》则指出了君子对于天下和文明的自觉担当和示范意义：君子动而世为天下道；行而世为天下法；言而世为天下则。可以说，君子的一言一行都为世间的标杆。

如果说《论语》《孟子》《大学》《中庸》从各自的角度定位君子，那么随着"四书"一名在宋代正式定名，作为一个整体的四书，则进一步把君子学说提升到新的高度。在这个过程中，朱熹虽不是唯一一位铸造四书体系的巨人，但他无疑是将四书体系化、铸造新的经典传统的奠基者。从此，朱子编定的四书取代五经的地位，成为七八百年来影响中国及东亚最深远的著作之一。四书所建立的新经学体系，不再是与治统相关的王官学，而是以成人为目标的教化体系。儒学的人文关怀与实践品格，努力在修己治人的身心实践中建立一个"天下有道"的理想世界。这一理想世界的主力军，正是君子。

四书作为一个整体所发挥出的作用和展现出的力量，远远超出了其中任何一个单独文本本身。比如，《论语》以"命"为结句——"不知命,无以为君子",《中庸》则以"命"为始句——"天命之谓性",围绕着"命",在《论语》结束的地方,《中庸》开始了。再如,《大学》结句为"此谓国不以利为利,以义为利也",《孟子》首章则为"孟子见梁惠王"的著名开篇:"王曰:'叟不远千里而来,亦将有以利吾国乎?'孟子对曰:'王何必曰利?亦有仁义而已矣。'"围绕着"义"与"利",在《大学》结束的地方,《孟子》开始了。这种首尾相应、彼此支持的互文体系,如同接力赛一样,把君子学说推向了新的文明高度。

作为四书体系的缔造者,朱子本人推荐了阅读四书的顺序:先读《大学》以定其规模,次读《论语》以立其根本,次读《孟子》以观其发越,次读《中庸》以求其古人微妙处。其实,这个顺序也恰恰是君子人格或君子之道的四个阶段:《大学》奠定的是君子的规模,《论语》确立的是君子的根本,《孟子》则着眼于君子的超越,而《中庸》探求的是致广大而尽精微。

四书不仅揭示了君子的义理内涵,更指出了君子之道的践履本质。《史记·仲尼弟子列传》记载:孔子去世后,大名鼎鼎的子贡曾去探望隐居于野外草泽之中的原宪,他见原宪衣冠敝素,遂以"夫子岂病乎"之语讥讽,原宪却这样回答子贡:"吾闻之,无财者谓之贫,学道而不能行者谓之病。若宪,贫也,非病也。"其实,这也正是王阳明"知行合一"学说的灵根所在。

总之,四书在中华民族的心性养成和文明传承中扮演着极为重要的角色,而深蕴于四书之中的君子思想更是博大精深,深刻而久远地影响了并正在影响着中华民族的人格形象和精神风范。今天的中国教育,应该主动而自觉地挖掘和发扬君子之道这一伟大的优秀传统。

基于这种初心，我有幸邀请黄上芳一起面对"四书中的君子教育思想研究"这一课题。上芳的学术起点，始于王阳明学说。众所周知，阳明学说在四书发展史上具有里程碑意义。以阳明学说为基础，上芳的研究视野进一步宏阔。在这个共同研究的过程中，围绕着四书，我们进行了很好的对话，我见证了她的投入，她的情怀，她的高远。我们希望通过这本小书，激活具有丰赡深厚底蕴的君子文化，从而和越来越多的人，一起践行君子之道。君子以文会友，以友辅仁，不亦乐乎！

自序二

从对中国文化的误读说起

黄上芳

有人说，我们的民族是一个崇尚"好人"的民族，深受"穷则独善其身，达则兼济天下"的自我完善文化影响，更有所谓"不在其位，不谋其政"的古老训条，这些都很容易被借来为远离社会理想、逃避公民责任构建自我安慰的巢穴。人们因此更愿意以"独善"的"好人"自居，而羞于以"兼济"的"好公民"自励。① 这完全是对中国文化的误读。

第一，中国文化，特别是儒家文化，强调的不是要做"好人"，而是要做"人"，因为做"人"已经意味着"好"。儒者以人生天地之间，灵于万物，贵于万物，与天地并而为三极。天有天道，地有地道，人有人道，人而不灵于人道，不足与天地并，故须修身以尽人之道而成人。人没有好坏之分，只有"人"与"非人"的区别。在"人"的基础上，又有层次之高低。孔子根据人的道德修养层次将人分为庸人、士人、君子、贤人和圣人五

---

① 美国公民教育中心. 民主的基础丛书 [M]. 刘小小, 译. 北京: 金城出版社, 2011: 4-5.

个等级。其中的最高境界是圣人,何为圣人?孟子曰:"规矩,方员之至也;圣人,人伦之至也。"(《孟子·离娄上》)圣人尽所以为人之道,犹如规矩尽所以为方圆之理。孟子又曰:"形、色,天性也。惟圣人然后可以践形。"(《孟子·尽心上》)天地化生万物,各有其形色,又各有其理,若能尽其理,则能践其形色。众人有人之形色,但不能尽其理,而圣人既有人之形色,又能尽得人理而无所亏欠,因此是"实"副其"名"的"人"。而如何才能像圣人一般将人本来最光辉的德性彰显出来,成为与天地并的"人",则需要修身养性,即教。即《中庸》所说的"自诚明,谓之性;自明诚,谓之教",以及"天命之谓性,率性之谓道,修道之谓教",这是儒学存在的最大意义。《礼记·曲礼上》:"鹦鹉能言,不离飞鸟;猩猩能言,不离禽兽。今人而无礼,虽能言,不亦禽兽之心乎?夫唯禽兽无礼,故父子聚麀(yōu)。是故圣人作,为礼以教人,使人以有礼,知自别于禽兽。"《孟子·滕文公上》亦有论述:"人之有道也,饱食、暖衣、逸居而无教,则近于禽兽。圣人有忧之,使契为司徒,教以人伦:父子有亲,君臣有义,夫妇有别,长幼有序,朋友有信。"古代圣贤之所以制礼作乐以教化百姓,乃是因为人若只是追求饱食、暖衣、逸居而无人伦之礼,则近于禽兽,所以人之有道,必学以成人。陆象山说:"今所学果为何事?人生天地间,为人自当尽人道,学者所以为学,学为人而已,非有为也。"[①] 因此儒学从未倡导做"好人",而是倡导做"实"副其"名"的"人",虽一字之差,亦不可不防"失之毫厘,谬以千里"之弊。为何圣人如此强调学以成

---

① 陆九渊. 陆九渊集 [M]. 北京:中华书局,1980:470.

人?乃是因为"不知做人意味着什么"便会懵懵懂懂做人,"懵懵懂懂做人"便会饱受桎梏之苦。梁漱溟先生在《中国文化的命运》一书中说:"儒家之所谓圣人,就是最能了解自己,使生命成为智慧的。普通人之所以异于圣人者,就在于对自己不了解,对自己没办法,只往前盲目地机械地生活,走到哪里是哪里。儒家所谓'从心所欲不逾矩',便是表示生命已成功为智慧的——仿佛通体透明似的。"

第二,"穷则独善其身,达则兼济天下"的"独善"并不是指"各人自扫门前雪,莫管他人瓦上霜",而是指"素富贵行乎富贵,素贫贱行乎贫贱,素夷狄行乎夷狄,素患难行乎患难",此乃"知命"的大智慧。君子能够"素其位而行,不愿乎其外",虽"穷"亦自得其乐,泰然处之。所以孔子说:"不知命,无以为君子。"又说:"君子固穷,小人穷斯滥矣。"君子行所当行,无所顾虑,处困而亨,无所怨恨;若小人,穷则放溢为非,以求显达,2017年的热播剧《人民的名义》中的祁同伟便是典型例子。因此"独善"乃是一种"富贵不能淫,贫贱不能移,威武不能屈的"大丈夫气概。而"不在其位,不谋其政"的"位",并不仅仅指具体的官位、职位等。在人一生当中,会有许许多多的"位",有的是"先天之位",有的是"后天之位",其所在的"位"决定了人的权利和义务。如有为人子女之位,那就要做为人子女应当做的事情;有为人妻夫之位,那就要做为人妻夫应当做的事情;有为人弟兄之位,那就要做为人弟兄应当做的事情;有为人君臣之位,那就要做为人君臣应当做的事情。同理,有一国公民之位,那就要做一国公民应当做的事情,推至其他的位也是如此。"不在其位,不谋其政"是孔夫子"君君臣臣、父父子子"之正名的另一种表达。孔夫子为何如此强调"不在其位,不谋其政"之正名?举一个典型例子,小三小四之流,便是没有妻子/丈夫之位,却要谋妻子/丈夫之政,这是乱象。若今人真能做到"不在其位,不谋其政"不仅不会"远离社会理想、逃避公民责任",相反,会让每个人更好地履行自己的公民责任,做好中国公民,甚至做好世界公民。

第三,我们的传统文化里虽然没有公民之名,但是有公民之实。到底什么是公民?"在法律上,公民是根据国籍确定其国民身份的。一个人出生便获得了一国国籍,也就成为了该国的公民,确认了其作为该国公民的身份。但法律意义上的规定,获得的只是公民的外在形式,公民还必须具有内在的素质要求,其中最重要的是对赋予自己公民身份的国家的认同。国家认同是获得国家公民身份的内在要求,是成为国家公民的基础和根本。国家认同具体分为政治认同、文化认同和民族认同。"[1] 国家认同(政治认同、文化认同和民族认同)内在地要求公民以主人翁的姿态来参与到国家的公共事务中,以更好地处理自己的权利与义务问题,即"在其位,谋其政"。儒学强调"学而优则仕","仕"的目的是什么?不是为了钱、权、名、色,乃是为了使君主以德治天下、以德教化天下,从而实现天下大同,这里面难道没有体现公民的权利与义务?如此,"五就汤,五就桀"的伊尹不就是集"知、仁、勇"于一体的完美公民吗?若今人能够"学颜子之所学,志伊尹之所志",还怕没有中国公民、世界公民吗?所谓完

---

[1] 冯建军. 国家公民身份认同及其教育[M]//檀传宝. 中国公民教育评论. 北京:社会科学文献出版社,2016:3.

美公民是指"以德来应对公共事务的人"——内圣(德)外王(公共事务)。首先要做人,其次才是公民。或者更准确地说,公民只是"人"的一种"位",出生在中国,有中国公民之位,要做中国公民该做的事情;出生在美国,有美国公民之位,要做美国公民该做的事情;推至其他各国公民均是如此,"位"决定了权利和义务,在其位,要谋其政。而世界公民,则是每个人都有的位,所以每个人都要做世界公民该做的事情;作为命运共同体,一样需要"在其位,谋其政"。"公民"教育不过是"为人"教育中的分殊。理一分殊,有如月映万川。"人之道"是理,"公民之道"是分殊,"人之道"是月,"公民之道"是万川中的"一川"。而且儒学强调"仁者以天地万物为一体",光这一句,已说尽公民和公民教育、中国公民和中国公民教育、世界公民和世界公民教育的事了。

梁漱溟先生认为孔子的学问(儒学)就在自家生命和生活上,而不是其他,这从孔子的为学过程(吾十有五而志于学,三十而立,四十而不惑,五十而知天命,六十而耳顺,七十而从心所欲,不逾矩)以及孔门弟子颜回之"不迁怒,不贰过""回也,其心三月不违仁"可以证明。王阳明说:"某于此良知之说,从百死千难中得来,不得已与人一口说尽。只恐学者得之容易,把作一种光景玩弄,不实落用功,负此知耳。"[①] 故王阳明常和弟子强调:"古人言语,俱是自家经历过来,所以说得亲切;遗之后

---

① 王阳明. 王阳明全集 [M]. 吴光,钱明,等编校. 上海:上海古籍出版社,2011:1412.

世，曲当人情。若非自家经过，如何得他许多苦心处？"① 学本是修德，有德然后有言，要理解圣人之言，必须要反求诸己，切实用功，否则只是空说话。程颐说："读书者，当观圣人所以作经之意，与圣人所以用心，与圣人所以至圣人，而吾之所以未至者，所以未得者，句句而求之，昼诵而味之，中夜而思之，平其心，易其气，阙其疑，则圣人之意见矣。"② 今之学者常常对圣人之教，要么望文生义，要么断章取义，前文百来字的论述便是力证。所以撰写本书有如下几个愿望：

第一，希望读者抛开所有的前见、偏见和误见来亲近我们的圣贤之教，而不是偏听偏信、人云亦云。因此，本书希望读者不要拘泥于圣人之言，如此则不仅仅要知圣人之言其然，还要知其所以然，如不仅要知道"仁者，人也""君子务本，本立而道生""君君、臣臣、父父、子子"等等是什么意思，还要知道圣人为何要立此言。只有知道圣人之言之微言大义，才有为学之大头脑，才有日新盛德之功夫，而不是懵懵懂懂地依着圣人之言随意去做，全不解思维省察，如此也只是个冥行妄作。

第二，希望能够通过此书激发读者去亲自阅读原经原典的冲动，这也是本书之所以保留大量的原典原文，而不采用白话文的原因之一，即便知道会由此给读者带来不少的阅读困扰也执意为之。本书希望读者在阅读书中古文遭遇困难之时，不是直接跳过或者放弃阅读，而是静下心来，去找到原典细细品读，只有这

---

① 王阳明. 王阳明全集 [M]. 吴光，钱明，等编校. 上海：上海古籍出版社，2011：128.

② 程颢，程颐. 二程遗书 [M]. 上海：上海古籍出版社，2011：379.

样,才有可能汲取其中最原汁原味的精神养料,这也是本书不能给予大众读者的东西。为何今之学人对圣贤之教有如此多的误读?正是由于没有阅读原典、亲身贴近圣贤之教之缘故。在这样一个快餐文化时代,除了专业研究者,有多少人愿意沉下心来真正去品一品《论语》《大学》《中庸》《孟子》等经典著作呢?如果本书能够激发读者阅读原典的欲望,或者使读者不得不翻阅原典探究一番,那便是本书的贡献了。

第三,此书不为增加读者的知识而写,即此书不是为了让大家获得更多的关于人、关于时代新人以及关于君子、圣人等等一些知识点而写,而是希望引导大家通过学习古圣先贤的言行来对自己的生命和生活进行思考,从而获得一些安身立命的智慧,以避免"自作孽,不可活"。因此此书做的是抛砖引玉的工作,是希望自己的砖能使得大家去主动寻找中国经典里的玉。苏格拉底说:"不经过审慎思考的生活是不值得过的。"印度的斯瓦米·辨喜说:"生命当中的大多数问题和困境,正是由我们以一种无意识的或机械的方式来从事行动而引起的;正是由我们没有任何终极目的或目标而任由自己随波逐流而引起的。"[1] 因此本书希望每个人能够通过学习古圣先贤的智慧而对自己的言行举止有更多的觉知,对自己的生命、生活有更多审慎的思考,从而能够逢凶化吉、转祸为福。

正是基于以上几个目的,才有了本书的成文。我们生而为人,是指我们生而具有人的体貌,故而叫作"人",但是我们每

---

[1] 斯瓦米·辨喜. 行动瑜伽[M]. 闻中,译. 北京:商务印书馆,2017:2.

个人都应该好好思考自己是否配得上"人"这一称号，人的自尊与高贵又是否体现在我们自己的身上。我们到底应当具备什么样的道德才能成为真正的人，当我们提倡做"好人"的时候又会导致哪些问题，这正是此书第一篇"学以成人"和第二篇"为什么不是学以成好人"所要探讨的关键问题。为何说做"人"本身便意味着"好"，意味着"道德"，以及如何来实现人的"好"，人的"道德"，本书的第三篇"仁者，人也"和第四篇"仁，从人从二"便回答了这些问题。人人生而具有"仁"心，只要人人能够存养扩充此"仁"心，便会成为真正的人，便会与天地万物为一体，反之，丢失此"仁"心，便与禽兽草木一般，不能称之为人。而具体如何落实人之"仁心"，便需要在人伦关系之中践行，即"人相偶谓仁"，强调人要在父子关系、夫妻关系、朋友关系等等关系中来存养扩充人之"仁"，只要能够保有此仁心，便会"父子有亲，夫妇有别，朋友有信"。也许大家都觉得奇怪，本书不是叫《从君子到时代新人》吗，为何书到了一半才提君子，才提时代新人？那是因为成为君子的前提是成为人，如果连"人"都不是，又怎么可能会成为君子呢？好比建造高楼大厦，如果地基没有打好，高楼如何能够建立起来呢？即便建立起来，也会随时倒塌。而君子作为人的一种道德境界，需要日新日进工夫，所以要想成为真君子，就必须要做"时代新人"，本书的"新"不仅仅指"时代之新"，更指精神风貌之"新"，为学功夫之"新"，"日新之谓盛德"之"新"。只有"苟日新，日日新，又日新"才是名副其实的时代新人，才有可能成为真正的君子。何为君子？孔子说："君子不器。"朱熹注："器者，各适其用而不能相通。

成德之士，体无不具，故用无不周，非特为一才一艺而已。"① 因此君子并不是具有某一种具体才能的人，更不是僵化不可变通之人。君子"志于道，据于德，依于仁，游于艺"，何以体现？"君子务本，亲亲为大""君子自知""君子自爱""君子自信"便是体现。然而即便通过此书知道"何为君子""为何要做君子"以及"如何做君子"，也不代表能够使人成为真正的君子。是否能够成为真君子完全取决于自己是否有求为君子之心，此心愈真切，此志愈笃厚，越有可能使人为其心其志而自强不息。王阳明说："夫'德之不修，学之不讲'，孔子以为忧。而世之学者稍能传习训诂，即皆自以为知学，不复有所谓讲学之求，可悲矣！夫道必体而后见，非已见道而后加体道之功也；道必学而后明，非外讲学而复有所谓明道之事也。然世之讲学者有二：有讲之以身心者，有讲之以口耳者。讲之以口耳，揣摸测度，求之影响者也；讲之以身心，行著习察，实有诸己者也，知此则知孔门之学矣。"② 世间讲求学问的人有两种，有用身心来讲学的，有用口耳来讲学的，只有用自己的身心来讲学的人，才能真正通晓孔门之学。即便是尧舜孔孟朱王等圣人亲自教化，也不能使得我们的道德境界更上一层楼，只有我们自己才可以，正所谓"我欲仁，斯仁至矣"，所以"德性自足"。

---

① 朱熹. 四书章句集注［M］. 北京：中华书局，2015：58.
② 王阳明. 王阳明全集［M］. 吴光，钱明，等编校. 上海：上海古籍出版社，2011：85.

第一篇　学以成人

若某则不识一个字,亦须还我堂堂地做个人。

——陆九渊

一、立德树人

2018年8月在北京召开了为期八天的世界哲学大会,主题是"学以成人",该主题从公布之初就引起了巨大的争议。有的人认为该主题将哲学等同于人学,矮化了哲学位阶,把哲学视野狭隘化了;有的人认为一旦把"学以成人"置于中国"君本位""官本位""资本本位"的情境之中,实际很可能是"学以成妖";而法国哲学家薄努瓦则直接提出疑问:"如果说需要学会做人,那是否就意味着我们也可以不是人,意味着人的地位不是被给予的,而需要我们拼力争取。就好像如果我们没有做出这番努力,我们就不是人。"而我恰恰觉得正因为我们生而为"人",而现实却有太多的"学以成妖""学以成奴""学以成兽""学以成仙"等等,本届世界哲学大会"学以成人"的提出才更有意义。"成人"实际上已经内在地否定了"成妖""成奴""成兽""成仙"的可能,除非大家把"妖""奴""兽"和"仙"等同于"人"了,现实确实存在这样的问题,因此"学以成人"的提出才更加迫切。据姬氏祖传《仁经》载:"人,自然之种;天地之精华,万物之灵首;颅圆面无毛鳞,身无羽甲;有四肢而立行,灵慧开而着衣物，知羞耻而明善恶，懂礼仪而有仁义，贵德而尊道者，为人也。"人人生而具有人的体貌，但是却不是人人都能够做到知羞耻明善恶，懂礼仪有仁义，尊道而贵德，所以才需要"学以成人"。

张载说："学者当须立人之性。仁者人也，当辨其人之所谓人。学者，学所以为人。""学以成人"大会既探讨"辨其人之所谓人"的问题，也探讨"学所以为人"的问题。卢梭在《论人类不平等的起源和基础》的序言中说："我觉得人类各种知识中最有用而又最不完备的，就是关于'人'的知识……如果我们不从认识人类本身开始，怎么能够认识人与人之间不平等的起源呢？"同理，如果我们不从认识人类本身开始，又怎么能让人成为真正的人，而不成为禽兽草木呢？正因为对人类认识的不完备，所以才更加需要学界进行探讨，这也是康德终其一生都在追问"人是什么"的根本原因。他曾说："如果有一种人所需要的哲学，这就是教人在宇宙中占据一个对他合适的位置的科学，而人能从这种科学中学习成为一个人所必须做的事情。"[1] 康德这样的大哲学家都认为，人需要一种学习成为人的科学（哲学），那"学以成人"的探究又怎会拉低哲学的位阶，狭隘哲学的视野呢？冯友兰说："哲学是使人作为人而成为人。"卢梭说："哲学不是别的，只是关于人的实践知识。"所以，除去探究人，哲学又有什么存在的意义和价值呢？

康德说："有两种东西，我们对它们的思考越是深沉和持久，

---

[1] 伊曼努尔·康德. 实用人类学[M]. 邓晓芒，译. 上海：上海人民出版社，2005：6.

它们所唤起的那种越来越大的惊奇和敬畏就会充溢我们的心灵，这就是繁星密布的苍穹和我心中的道德律。"只有人才会仰望星空和追问心中的道德律，也只有树起了心中的道德律，我们才能成为真正的人。《左传》："大上有立德，其次有立功，其次有立言，虽久不废，此之谓不朽。"《管子》："一年之计，莫如树谷；十年之计，莫如树木；终身之计，莫如树人。"立德树人，只有立了德，人才能为自己的所作所为建立起底线；只有立了德，人的尊严和光辉才能树立起来；也只有立了德，人才能成为真正的天地之心、万物之灵。孟子说"人之所以异于禽兽者几希"，庶民去之，"非人"也，君子存之，"人"也。因此，无论是教，还是学，都是为了让人成为区别于禽兽草木之人。饮食男女，食色性，禽兽与人均有需求，但人满足这些需求的方式应该是文明的、符合人性的，而不是如动物般仅凭本能，富于侵略性和侵犯性。所以从宏观来看，人至少需要立两种德——免于寄生的道德与免于侵犯的道德，才能称为人。

二、 免于寄生的道德

从动物本能中解放出来。动物的一生只有两个目的，即生存和繁衍。动物凭借本能去掠夺，没有你我之分，这从自然界的弱肉强食现象不难理解。但是人不一样，人有你我之分，人不能通过侵犯的方式满足自己的需求。人可以通过学习获得知识与技能，从而创造物质以满足自己的需求，人完全可以自力更生而不是掠夺。天行健，君子以自强不息，这是人作为万物之灵的高贵体现之一。如果人在成长的过程当中不能够获得自力更生的能力，那么最终也会和动物一般，只能通过侵犯他人获得生存，比如偷盗行为、抢劫行为、乞讨行为（乞丐骗子）、啃老行为等。在成年以后，不是通过自己的劳动而是通过不正当手段获取钱财的行为都是"非人"的行为。之所以特别提出"免于寄生的道德"，就在于强调道德的物质基础，人的自力更生的能力对于道德的重要性。

　　曾看过一档节目，内容是一对年轻夫妇啃老到无以复加的地步。这对夫妻自结婚之后，一直不工作，依靠老父亲做水泥工的血汗钱生活，就连自己的衣服都让老父亲洗。无独有偶，一个在加拿大名校滑铁卢大学硕士毕业的海归，差不多年过半百了，六年前回国后，一直不肯工作，天天待在家里，白天睡觉，晚上玩游戏，靠自己患有尿毒症的82岁的老母亲养着。现代社会这样的寄生虫并不少，他们在成年之后依然以各种各样的方式"侵略"着父母。据中国老龄科研中心统计，我国有65%以上的家庭存在"老养小"现象，有30%左右的成年人依靠父母为其支出部分甚至全部生活费。卢梭在《爱弥儿》中表达了这样的观点：劳动是社会之人不可豁免的责任。如果一个人依靠父亲的财产生活，自己不劳动，就是对社会欠了债。用一个人对社会的贡献来解除另一个人对社会的债务，是不公正的。因为每个人的债都是自己欠下的，只能由自己来偿还。卢梭将坐吃不是他本人挣来的东西的人看成是强盗。他说："任何一个公民，无论他贫或是富，是强或是弱，只要他不干活，就是一个流氓。"[①] 所以一个道德的

---

① 卢梭. 爱弥儿[M]. 李平沤，译. 北京：人民教育出版社，2005：263.

人必然是独立自主、自力更生的人。

网络上曾经流传一段新闻的采访视频《男子偷车被抓，竟称看守所比家好》，视频中的周某因为偷窃电动车被警方抓获后，记者采访他："你这么年轻身体健康为什么不选择找份工作，而要去偷窃呢？"周某语出惊人："打工这方面，打工是不可能打工的，这辈子不可能打工的。做生意又不会做，就是偷这种东西，才能维持得了生活这样子，进看守所感觉像回家一样，在看守所里的感觉比家里感觉好多了！里面个个都是人才，说话又好听，我超喜欢里面的！"周某不以偷盗为耻，不以寄生为耻，反而引以为豪，这样的人生观简直令人大跌眼镜，哭笑不得。"仓廪实而知礼节，衣食足而知荣辱"（《管子·牧民》），并非仅指吃饱了饭才考虑道德，还指一个人必须自力更生，才拥有不依赖他人的资本，更不会因为无所依赖而去抢夺别人的东西。故能让自己仓廪实是道德，能让自己衣食足是道德，因为这意味着自己没有给社会造成任何的负担，同时这也降低了偷盗、抢劫犯罪的可能。实际上这是一种道德能力的体现，因为仓廪实、衣食足之后，自己非但不需要寄生，还可以拿富余的东西救助那些因为各种各样的原因而导致物质特别匮乏的人。可见，人的关于谋生的知识与能力能够保障人的道德，能力越强，所能够承担的社会责任也越强，道德能力也越强。反之，人的能力越强，破坏能力也越强，因此对于人性的要求也就越迫切。随着科学越来越发达，对人性的要求就越来越迫切。从这个角度而言，知识与能力有利于人性的完善，人性则保障知识与能力的恰当价值选择——建设性的而非破坏性的。

三、 免于侵犯的道德

马斯洛需要层次理论认为人的最基本的需求是生理的需求，是作为有机生命的个体对于生存的需要。它是人的所有需要中最基本和最强烈的一种，在所有需要中占绝对优势。相对应地，人就需要"免于寄生的道德"，即以"人"的方式来满足自己的基础需求，而不是"侵略"他人。而生理的需求还包括性的需求，对于性的需求的满足也不应当建立在侵犯他人的基础之上。人有羞耻心、有自由意志，这就要求人的交合行为不能如动物般，不分时间场合，不管对方的自由意志。因此婚外恋行为、狎妓行为、性侵行为、公众场合大尺度行为等都是动物性行为。人只有从这种动物性中解放出来，才可以称为人。

近些年来频繁爆出性侵事件，其中以性侵儿童者尤为惨无人道。"女童保护基金"发布的报告显示，2016年全年媒体公开曝光的性侵儿童（14岁以下）案例433起，平均每天曝光1.21起，同比增长近三成。发布方指出，近3年公开报道的儿童被性侵案件均高于2013年，体现了儿童被性侵现状的严峻形势。同时，由于案件特殊性、风俗习惯、传播规律等因素影响，仅有极少量案件被曝光。2016年公开报道的性侵儿童案件的778名受害者中，女童遭遇性侵人数为719人，占92.42%。施害人绝大多数为男性。但是在778名受害人中有男童59人，占7.58%，男童被性侵现状同样不可忽视。著名犯罪心理学专家，中国人民公安大学教授王大伟表示，性侵案件，尤其是针对中小学生的性侵害,其隐案比例是1∶7。① 这些性侵者虽然长着人的样子,但其所作所为却禽兽不如。由此可见,并非生而为人,就会知道人应当做什么,不应当做什么。即便知道应当做什么,不应当做什么,也不一定按照应当和不应当去行事,所以"成人"是每个人都要学习的事情,免于侵犯他人是每个人都应该遵守的道德底线,突破这一道德底线,便与禽兽无异。

除了生理的需求,人还有安全的需求,该需求也与"免于侵犯的道德"相一致。从整个社会群体而言,不去侵犯别人以保障自己的安全需要并不难理解,因为如果人人都去侵犯他人,而希望自己不受侵犯那简直就是天方夜谭。法律等手段在一定程度上也能够保障人的安全,但我认为"免于侵犯的道德"是更符合人性、更有道德性以及让人生活更加幸福的方式。无论在什么样的情境下,人只有坚守这一底线,才能称为真正的人。据腾讯新闻报道,2018年9月27日上午,米脂县"4·27故意杀人案"罪犯赵泽伟在陕西省米脂县被执行死刑。赵泽伟因工作、生活不顺心而心生怨恨,蓄意报复曾经就读初中的在读学生,在公共场所持刀疯狂捅刺,致21名学生死伤。无独有偶,在这之前的9月21日,"6·22杭州保姆纵火案"罪犯莫焕晶被执行死刑,其于2017年6月22日凌晨,在浙江杭州雇主家中纵火,造成女主人及三个未成年孩子死亡。与性侵者一样,赵泽伟和莫焕晶只不过是披着人皮的禽兽,其所作所为辱没了人的尊严与高贵。

除去生理和安全的需求,人还有归属和爱的需求以及尊重的

---

① 数据来自"女童保护基金"近几年的性侵儿童案例统计及儿童防性侵教育调查报告。

需求。归属和爱的需求是指个人渴望同他人有一种密切的关系，渴望在其家庭和团体中有一个恰当的位置，儒家所强调的"父子有亲，君臣有义，夫妇有别，长幼有序，朋友有信"正是这种需求的体现。人需要亲情、爱情和友情，需要理解和被理解，需要爱与被爱，需要找到一种情感的归属和依托。我认为这种需求和"免于侵犯的道德"是息息相关的，美好的关系必须建立在互不侵犯的基础之上，这也是衡量人是否为"人"非常关键的一点。尊重的需要是指人对自尊和来自他人尊重的需要或欲望。马斯洛将尊重需要分为两类：第一，对实力、成就等的需求；第二，对名誉和威信，以及来自他人对自己的敬重的需求。这种需求的满足建立在"免于寄生的道德"基础之上。一个人如果连最基本的独立生活的能力都没有，又怎么可能得到别人的尊重？所以自强不息是自信的基础，更是赢得别人敬重的基础，但这只是必要条件，而非充分条件。从整个社会而言，能够自力更生的人还是占大多数，但并非每个人都能赢得社会的声誉。前文提到，一个人的能力越强，所能够承担的责任也就越大，道德能力也就越强。所谓的道德能力是指对于社会的奉献程度，对社会奉献越多，越能够得到别人的尊重。所以对人类文明做出巨大贡献的人能够名垂千古、永留史册，那是因为他们的奉献足以让世世代代的人们去敬重，去铭记。这是人生命之意义所在，是人性光辉之体现。

爱因斯坦曾说："学校应当永远以此为目标：学生在离开学校时是一个有和谐个性的人，而不是一个专家。"戴安娜王妃多次对他的长子威廉说："你在成为王子之前，先要成为一个人。"我国著名经济学家钱颖一先生说："中国教育的首要问题，还不是如何培养杰出人才的问题，而是如何培养真正的人的问题。"

而"免于寄生的道德"和"免于侵犯的道德"提出的最大意义在于保障人能够成为真正对自己负责的人,这是人作为万物之灵的最低要求。在这两种人之为人最基本的道德基础之上,再发展人的更高尚的道德——君子、贤人、圣人,从而成为于他人、于社会有利之人,进而实现自己之价值、人生之意义。

第二篇　为什么不是学以成"好人"

　　盖人之所以为人，道之所以为道，圣人之所以为教，原其所自，无一不本于天而备于我。——朱熹

　　圣人定之以中正仁义而主静，立人极焉。——周敦颐

　　2018年8月在北京大学召开五年一次的世界哲学大会，主题是"学以成人"。这不得不让人深思，为什么是学以成"人"而不是学以成"好人"呢？前文也说到中国传统文化强调的是做"人"而不是"好人"，难道一字之差真的会有"谬以千里"之弊吗？正如法国哲学家薄努瓦的质疑，我们不是生而为人吗，为何还需要学习才能够成为人？从小到大，似乎我们的父母师长都在教导我们要做一个"好"人，那么"好人"和"人"之间又是什么关系呢？我们到底是要做"好人"，还是只要做"人"就可以了？

　　现代社会总是强调要做"好人"，可是这种"好"的具体内容是什么？谁来规定这个好？这个"好"是真的好吗？即便是真的"好"，为什么人要成为"好"？如果用"好"字，就好比给人树了一座道德的珠穆朗玛峰，有的人看着，会产生一种敬意，于是开始了攀登，但是在这个过程当中，因为体力透支，氧气不足，于是就放弃了，或是直接"死"在了攀登的山上。有的人则会觉得那么高的珠峰，自己肯定没法攀登上去，于是选择直接远

离。这是一种对于人、对于道德完全错误的理解。正因为如此，人才会对道德要么排斥，要么恐惧，要么觉得高不可攀，要么干脆置之不理，这就导致了一系列的问题。本书为了让人重新认识"人"而提出学以成"人"，而不是学以成"好人"。强调并不需要做"好人"，只要做"人"便意味着"好"，意味着道德，这里的"好"有道德底线，更有人本性中的尊严与高贵。

一、"好"不是额外

"好"不是额外，乃是本分。《说文解字》："育，养子使作善也。"没有人会否认教育使人向善，教育使人转向好。但现在只要一提做"好"人，大家脑子里会浮现出这样的形象：雷锋，即毫不利己，专门利人之人。于是很多人就会有这样的疑虑：我为什么要做雷锋（好人）？我并不想成为雷锋（好人）。道德教育即"教人做好人"，这个说法本身并没有错，但是却会导致另外一个问题。我们强调做好人，那么就会让人有疑问，为什么要做好人呢，人原本不好吗？进而得出这个"好"之于"人"是额外的。好比奢侈品，奢侈品是人人都可追求的，但却不是人人都必需的。因此就可以推论出道德是人人可以追求的，但却不是人人必需的。这种提法会让人觉得"好"只是外在社会对人的额外要求，而不是人的本分要求。但实质上"好"是人的本分要求，做"人"本身便意味着道德，意味着"好"，这是天之命令，不可违背，认识到这一点很重要，在道德教育中落实这一点更重要。

梁漱溟先生在《道德为人生艺术》一文中指出，普通人对道德容易误会是"拘谨的，枯燥无趣味的、格外的或较高远的，仿佛在日常生活之外的一件事情"。他认为道德是"生命的和谐，也就是人生的艺术。所谓生命的和谐，即人生理、心理——知、情、意——的和谐；同时，亦是我的生命与社会其他人的生命的和谐。所谓人生的艺术，就是会让生命和谐，会做人，会做得痛快漂亮"。① 这是一种对于道德最恰当的理解。道德是"得道"，得人之道，所以道德是人生命的和谐，是活泼泼的，不是拘谨无趣味的，道德是人的生命需求，不是额外的，"好"是人的本分，不是额外的。

二、"好"低估了人性

在"人"之前加"好"字，乃是低估了人性。要求做"好人"，难道人原本是不好的吗？如果人不好，为何称之为"天地之心""万物之灵"呢？生活中有两种截然相反的现象触动了我。有一个很好的朋友，我们经常到彼此家中做客，我发现她的父母每次吃饭的时候都会给她的爷爷奶奶挑软的、不需要咀嚼的菜。每次老人在身边都嘘寒问暖，除了她的父母，她的兄弟姐妹，包括叔伯堂兄弟姐妹等都如此，而我的朋友更是如此。她的家人除了她上了大学以外，其他人的文化水平都不高，于是在观察了很长一段时间之后，我感叹地问她原因，可她却非常平静地说："这没什么呀，很平常的事情。"正是这个"平常"大大触动了我。在很多家庭，她家的这种现象是不平常的，所以我才会感

---

① 梁漱溟. 我的人生哲学［M］. 北京：当代中国出版社，2012：20-21.

叹，因为我自己和家人都做不到。同时，我的身边还有这样的人，他们总是习惯于把"感恩"挂在嘴边，即便是一些非常平常、举手之劳的事情也能让他们感激涕零，大肆渲染，甚至夸张得有些让人不舒服。而我之所以觉得不舒服，恰恰是因为我觉得这样的事情很平常。这样的两种现象引发了我的思考："好"之于人是很神圣的吗？需要人类一直去歌颂吗？

马可·奥勒留说："正像对无花果树结出了无花果感到大惊小怪是一种羞愧一样，对这世界产生了本来就是它产物的事物大惊小怪也是一种羞愧。如果一个医生对一个人患了热病大惊小怪，或者一个舵手对风向不遂人意大惊小怪，对他们来说都是一种羞愧。"[①] 如此，对于父慈子孝大惊小怪，对于兄友弟恭大惊小怪，对于诚信友爱大惊小怪，对于敬业爱岗大惊小怪，人类是不是应该感到羞愧呢？爱己爱家人爱朋友爱祖国能够让人内心掀起一阵波澜，让人惊叹不已，人类更加应该感到羞愧。因为人本来就是这个样子才是常态。如我朋友家，对老人好才是常态，他们并不觉得那是什么值得他人赞美的事情，他们也不需要别人去赞美，相反当我去赞美他们的时候，他们还会觉得我太大惊小怪。而我之所以为这种常态感到惊叹，是因为我的生活里这种"常态"太少见了，所以成了"变态"。就像北京的蓝天，是雾霾出现了以后，才会显得弥足珍贵和让人惊叹的。在地球没有被工业化污染以前，蓝天白云再寻常不过了，没有所谓的"阅兵蓝""两会蓝"。对于人也是如此，在至德之世，人们"不尚贤，不使

---

① 马可·奥勒留. 沉思录［M］. 何怀宏，译. 北京：中国人民大学出版社，2014：140.

能；上如标枝，民如野鹿；端正而不知以为义，相爱而不知以为仁，实而不知以为忠，当而不知以为信，蠢动而相使，不以为赐。是故行而无迹，事而无传"（《庄子·外篇·天地》）。那个时候的天是原本的天，那个时候的人是原本的人。人变得堕落了，于是人的整个世界都堕落了，所以才会让人去高歌人本来就自然而然做到的事情。

老子说："大道废，有仁义；智慧出，有大伪；六亲不和，有孝慈；国家昏乱，有忠臣。"当一个社会把这些最基本的"人"之行为过分赞叹的时候，实际上在降低对人的要求，同时也低估了人作为万物之灵的高贵。而这恰恰说明社会已经处于不正常的状态。这种不正常体现在，只是符合人性的道德行为让人倍感压力。这种压力源于他人的大惊小怪，源于他人过分的赞叹，更源于他人对道德行为动机的质疑。道德的神圣化即人性的矮化，最后导致三种极端的情况：其一，会让人误解道德高不可攀，只能瞻仰，而与己无关；其二，有人借道德之名沽名钓誉，以赢取更多的利益；其三，也有人为了避免他人之质疑而回避道德行为。因此道德不应该被神圣化，因为道德本就不是一件特别值得吹捧的事情，更不是彰显人性光辉的手段。尊重、理解、包容、友爱应该是人与人相处的常态。父义、母慈、兄友、弟恭、子孝等更是如此。这样的道德，这样的"好"只是人做了符合人之本性的事情，是不足以大肆赞扬的。道德不是高高在上的，"好"也不是只能被人供奉和瞻仰的，而是和每个人都息息相关的。当道德成为一件非常平凡的小事的时候，道德就少了神圣感，人们会对道德习以为常，也就不会出现上面的三种情况。对于这种美好习以为常才是人的常态，所以不需要做"好人"，只要做人就意味着高贵和美好，意味着生机和希望。

三、"好"会让人误解为"无中生有"

"好"会让人误解为"无中生有"。"无中生有"本就是一件不道德的事情，而实际上"好"是一种"有中生有"，由人的善端生长出来，这是一件非常自然的事情。孟子说："恻隐之心，人皆有之；羞恶之心，人皆有之；恭敬之心，人皆有之；是非之心，人皆有之……仁义礼智，非由外铄我也，我固有之也，弗思耳矣。故曰：'求则得之，舍则失之。'"(《孟子·告子上》)人的仁义礼智由"四心"发端生长而来，而不是外铄而得，所以人只需要存养扩充四心就会成为人，未尝费纤毫之力。这是一种"有中生有"。即便是穷凶极恶之人也有"四端"。

天命谓性，率性谓道，修道谓教，人得天之命，谓"人性"，人率人之性谓"人道"，人修人之道谓"教"，通过教最后得"人之性"，即"成人"。《说文解字》称："道，所行路也。"道行之而成，谁行谓谁之道，如天道、人道等。《韩非子·解老篇》："道者，万物之所然也，万理之所稽也。"《管子·君臣篇》："顺理而不失之谓道。"综合以上，道是指万物循所当然之路。所以，人之道是人循所当然之道，人循所当然之道必定率天命之性。后汉朱穆说："得其天性谓之德。"郭象也说："德者，得其性者也。"韩愈《原道篇》说："由是而之焉之谓道，足乎己无待于外之谓德。"因此，人"得"人之性（理）是"德"。综合此两者，人通过修"率性之道"得人"天命之性"谓人得其德，即道德，道德即"得道"，"人"得"人之道"即成"人"。因此只要操存人的四心，扩充人的四心，人就会得人之道，即道德。这样的道德并不需要人去歌颂，正如马可·奥勒留所言："当你为某人做出某种服务的时候还想得到更多的东西吗？你不满足于做了符合你本性的事情，而还想寻求对它的报酬吗？就像假如眼睛要求给观看以报酬，脚要求给行走以报酬一样吗？这些身体的部分是因为某种特殊目的而造就的，当他做了仁爱的行为或者别的有助于公共利益的行为时，他就是符合他的结构而行动的，他就得到了属于他自己的东西。"[①] 也就是说人率性而行，便是得其性，得其性便是得其道，即道德。得到道德便是得到了属于自己的东西，除此之外，其他诸如赞美、物质都是额外的东西。

[①] 马可·奥勒留. 沉思录[M]. 何怀宏，译. 北京：中国人民大学出版社，2014：177.

第三篇 仁者，人也

仁者人也，道者义也。——《礼记·表记》

仁也者，人也；合而言之，道也。——孟子

人之所以得名，以其仁也。言仁而不言人，则不见理之所寓；言人而不言仁，则人不过是一块血肉耳。必合而言之，方见得道理出来。——朱熹

一、仁，人之安宅也

有一位老师曾经在一次讲座上举过一个例子。他的孩子在很小的时候看动画片《三只流浪小猫》，因为里面有很多有趣的情节，所以孩子在看的时候，非常开心。该老师觉得不能错过这么一个教育孩子的好机会，于是他和孩子说三只流浪小猫没有爸爸妈妈，也没有家，他们非常可怜。经过老师对《三只流浪小猫》的煽情讲解，孩子就哇哇大哭起来。于是老师就得出结论：根本没有什么所谓的性善，善是后天的教育形成的。可是，该老师只是给孩子说了三只流浪小猫没有爸爸妈妈，没有家，非常可怜，他并没有说："孩子，你要为三只流浪小猫的无家可归悲伤，你要流泪啊！"即便该老师和孩子说了，难道孩子就能够因为三只小猫的可怜而悲伤、而流泪吗？如果可以，德育和智育是一件

事,也许今天也没这么多道德问题了。我们确实可以通过后天教育,告诉孩子什么是高兴的事情,什么是悲伤的事情,什么是愤怒的事情,什么是羞耻的事情。可是我们却教不会他为高兴的事情而高兴,为悲伤的事情而悲伤,为愤怒的事情而愤怒,为羞耻的事情而羞耻。那这种"会高兴""会悲伤""会愤怒""会羞耻"的能力从哪里来呢?这恐怕就是孟子所说的"人之所不学而能者,其良能也;所不虑而知者,其良知也"(《孟子·尽心上》)的"良知良能"了,也是他所说的人"异于禽兽者几希"的"几希"。儒家的"仁"正是此含义,这更是孔夫子一直强调要做"仁"人的根本原因,只有人保有此仁心,才有可能仁爱待人,才不会做出什么非人的行为。

孟子曰:"人皆有不忍人之心。……所以谓人皆有不忍人之心者,今人乍见孺子将入于井,皆有怵惕恻隐之心,非所以内交于孺子之父母也,非所以要誉于乡党朋友也,非恶其声而然也。由是观之,无恻隐之心,非人也;无羞恶之心,非人也;无辞让之心,非人也;无是非之心,非人也。"(《孟子·公孙丑上》)孟子并不以救不救孺子来作为"人"与"非人"的标准,而是强调人乍见孺子将入井"怵惕恻隐"的反应,这种反应不是因为和孺子的父母是好朋友,也不是为了在邻里朋友那里博得好名声,更不是因为讨厌孩子的哭声,这种反应是与生俱来,真真切切的。镜像神经元可以很好地解释这个问题。镜像神经元最早发现于恒河猴的大脑之中。无论恒河猴是看到另一个个体作出某个动作,还是自己亲自做出这个动作,它大脑中的镜像神经元都会活跃起来。镜像神经元不知道"自我"与"他人"之间有何差异。科学家也在其他灵长类动物身上发现了镜像神经元的踪影,它们很可能就存在于我们人类的大脑之中。用镜像神经元来解释"恻隐"：孺子入井意味着遭受人生最大的苦痛——死亡，人通过镜像神经元的活动感受到这种苦痛，所以人想帮助孺子免除痛苦，因为这样一来，人自己的痛苦也会随之消除。由镜像神经元驱动的"恻隐"会模糊人与人之间的界限，他人的痛苦会成为我们自己的痛苦，这种痛苦就是一种心之不安的心灵感受能力。这是人能够称为万物之灵的根本原因，只要人不丧失这种天赋的良知良能，那么孺子获救的概率是更高的，即做出利他行为的机率是更高的。所以孟子说："凡有四端于我者，知皆扩而充之矣，若火之始然，泉之始达。苟能充之，足以保四海；苟不充之，不足以事父母。"（《孟子·公孙丑上》）

保罗·布卢姆（Paul Bloom）在《善恶之源》一书中说道："人类天生就具有道德感，……但是'道德'并不仅限于作出某种特定区分的能力，它还包括某些特定的感受和冲动，比如为有需要之人提供帮助的冲动、对承受痛苦之人的同情和伸出援手的热望、对残忍之徒的愤怒、对自己可耻行径的愧疚，还有对自身善举的自豪。"[①] 他所说的"同情""愤怒""热望""自豪"等感受，就是由孟子所说的"恻隐之心、羞恶之心、辞让之心和是非之心"激发出来的情感，此四心实际是一颗柔嫩敏锐易于不安的心，这是与生俱来的心理能力，是由我们活泼泼的生命发出来的。齐宣王不忍见牛觳觫，故以羊易之，所以孟子说："君子之于禽兽也，见其生，不忍见其死；闻其声，不忍食其肉。是以君

---

① 保罗·布卢姆. 善恶之源[M]. 青涂，译. 杭州：浙江人民出版社，2015：26.

子远庖厨也。"(《孟子·梁惠王上》)人对于禽兽尚且如此,何况自己的同类呢?"仁,人之安宅也",实为人心之安宅。人心最为柔嫩敏锐,易于不安。此"柔嫩敏锐易于不安之心"即王阳明所说"不虑而知、不学而能"之"良知"发挥作用的机制。人心敏锐灵活即良知昭明灵觉;灵活之心不显,渐趋麻木,即良知昏暗不明。当人心麻木不仁,对他人之苦痛毫无感觉的时候,就已经等同于禽兽草木,不能称之为人了(人与非人的区别)。连环杀手心理变态者加里·吉尔摩(Gary Gilmore)说:"我总能杀得了人……我可以毫不在意他们的感受,完全无动于衷。我知道我干的事情大错特错,但是我仍然会毫不犹豫放手去做。"① 如王阳明所言,良知知善知恶、知是知非,即便是穷凶极恶之人,对于自己的行为之是非对错也有一定的察觉和认知,之所以知法犯法,知错犯错,就在于他们柔嫩敏锐的心已坚硬冰冷,对别人的痛苦麻木不仁,最后已经变得非所安而安,所以才不能够知行合一,以至于对自己的同类也会痛下杀手。在生活中,不时会听到这样骂人的话:"你不是人""他真的是衣冠禽兽""他们简直禽兽不如""你没一点人性"。这里的"衣冠禽兽""没人性"等便是指四端泯灭,如禽兽草木一般之人。禽兽草木对于一切事物都无动于衷,他们只依托自己的本能生存和繁衍。如此,并不是披着人皮的都是人,只有保有仁心的才是人!仁即良知的重要性在于,它使人类道德成为可能,使放下屠刀、立地成佛也成为可能。

---

① 保罗·布卢姆. 善恶之源[M]. 青涂,译. 杭州:浙江人民出版社,2015:31.

二、不仁者，非所安而安

宰我问："三年之丧，期已久矣。君子三年不为礼，礼必坏；三年不为乐，乐必崩……"孔子反问："食夫稻，衣夫锦，于女安乎？"答曰："安。"孔子说："女安，则为之！"等到宰我出去，孔子说："予之不仁也！子生三年，然后免于父母之怀。夫三年之丧，天下之通丧也。予也有三年之爱于其父母乎？"（《论语·阳货》）由此可见，非所安而安便是不仁，而心安与否则是为与不为的标准。有学生问阳明："据人心所知，多有误欲作理，认贼作子处。何处乃见良知？"阳明反问："尔以为如何？"答："心所安处便是良知。"阳明道："固是。但需省察，恐有非所安而安者。"宰我正是王阳明所担忧的"非所安而安"，所以孔子批评他不仁。很多人一开始做坏事的时候都会心不安，可是他没有抓住这种不安，于是慢慢地从"不安"变成了"安"，这是一个从量变到质变的过程。如那些杀人之人，是一步步演变的，他们并不是一下子就对杀人习以为常的。人之敏锐易于不安的心是与生俱来的，但由于受到后天环境和教育的影响，每个人的敏锐程度变得不一样。但即便被私欲蒙蔽，此不安之心之感受力也不曾完全泯灭，因此如象般穷凶极恶之人亦能改过迁善。王阳明说："圣人之知如青天之日，贤人如浮云天日，愚人如阴霾天日，虽有昏明不同，其能辨黑白则一。虽昏黑夜里，亦影影见得黑白，就是日之余光未尽处；困学功夫，亦只从这点明处精察去耳！"①所谓的"这点明处"即是一丝一毫不安的感受。青天之日，浮云天日，阴霾天日，其明亮程度象征的是人心对于他人不幸的敏感程度，但无论感受的深切与否，那心之不安乃是良知良能，永远不可能泯灭，只要还有这一点点的不安，就可以凭此扩充出去，而仁不可胜用。

王阳明在审判一个贼时，对其大说特说良知的道理，可是贼很不以为然，用挑衅的语气对阳明说："请你告诉我，我的良知在哪里？"当时天气炎热，于是阳明气定神闲地让贼脱衣服，脱了一件又一件，最后只剩下一条底裤了，王阳明丝毫没有让其停下的意思，让其继续脱，然后贼不愿意了，于是王阳明说："这就是你的良知。"为什么说那就是他的良知？是因为现实当中有的人已经不为羞耻的事情而感到羞耻了，只要人还有羞耻心，便还有改过迁善的可能。《孟子·万章上》记载，象在谋杀舜之后，马上得意洋洋地跑到舜的家，希望将舜的东西和舜的两位娇妻娥皇女英占为己有，但是刚进舜的家门，就发现舜好端端地坐在床上弹琴，于是象不得不对哥哥舜说"我好想念你啊"。他在说这一句话的时候，是"忸怩"的，也就是神情不安的。象向来以杀舜为业，这样的人简直禽兽不如，但是做了坏事之后，他也无法理直气壮面对刚刚遭自己毒手的哥哥，那是因为他还能因为作恶而羞愧。可见，良知恒照，恶人未曾泯灭；良知自明，恶人知是知非。改过迁善的关键就在于抓住那一点点不曾泯灭的恻隐之心

---

① 王阳明. 王阳明全集［M］. 吴光，钱明，等编校. 上海：上海古籍出版社，2011：126.

和羞耻之心,存养扩充。这一点对于道德教育具有非常重要的启示。

良知恒照,常存心中,对于人的意义非常大,正是因为良知永远不可能完全泯灭,恶人才可能因那一点良知之灵明而改过迁善,浪子才可以回头。也正是因为良知恒常,善人才需要持续致良知,使得此心纯乎天理。所以孟子说:"西子蒙不洁,则人皆掩鼻而过之。虽有恶人,斋戒沐浴,则可以祀上帝。"(《孟子·离娄下》)《孟子·万章上》记载,象一直以杀自己的哥哥舜为业,但是舜一如既往地待他如亲兄弟,后来他为舜的仁德所感化,开始改过迁善。舜即位之后,封象于有庳。象选贤举能,在其位谋其政,使得封地政治清明,百姓安居乐业。象死后,有庳人民给他建了祠堂,世世代代祭祀象。王阳明在《象祠记》中写道:"君子之修德,及其至也,虽若象之不仁,而犹可以化之也。"[①] 梁漱溟先生在《人心与人生》中写道:"虎见其性猛,鼠见其性怯,猪见其性蠢,如是种种;物性各殊,颇为显然,而人却不尔。人类盖不猛、不怯、不蠢,亦猛、亦怯、亦蠢,可猛、可怯、可蠢者也。试看:虎与虎之分别不大,鼠与鼠之分别不大,猪与猪之分别不大也,而人之与人其分别往往却可以很大很大,不是吗?人性显著可见者独在其最富有活变性与夫极大之可塑性耳。是则所以为后天学习与陶铸留地步也。"[②] 人和动物最大的差别就在于未完成性和可塑性,这也是性善的一种体现。动物依赖本能生存以及繁衍后代,其自出生到死亡都不会有太大的变

[①] 王阳明. 王阳明全集[M]. 吴光,钱明,等编校. 上海:上海古籍出版社,2011:985.

[②] 梁漱溟. 人心与人生[M]. 上海:上海人民出版社,2011:26.

化，体现为机械性。但人的一生都在发展变化，具有无限的可能性。动物没有自觉意识，没有所谓的对与错，道德与不道德。但是人不一样，人的理性不断发展，具有是非善恶的判断能力，并且对于自己的行为高度自觉，因此人需要为自己的行为负全责。王阳明良知之恒常性的意义之一，在于为道德教育的可能性和必要性提供了依据，其灵活性区别于动物，使得人既可以往好的方向发展，也可以往坏的方向发展。其二，是始终对人性抱有乐观的态度，并且时时刻刻告诫人们须为自己的行为负责，将人的主体性提到一个至高无上的位置。叔本华认为，道德不能重塑一个硬心肠的人，使之变得有同情心，从而成为公正仁慈的人。这种悲观的人性论否定了人的发展与生命向上的无限可能，是不可取的，对于现实也是没有说服力的。

如何才能存养和扩充一颗柔嫩易于不安的心，以使其保持敏锐的感受力？这就需要做到慎独、诚意不自欺。坏人作恶并不是因为他们不知道那是恶，而是因为他们被私欲蒙蔽，进而自欺不诚。一个做贼的人不愿承认自己是贼，更不会希望他人知道自己是贼，贪官污吏不会不知道不应该贪污受贿，杀人放火的人必然知道不能杀人放火，这和一个正在生气的人知道自己正在生气是一样的道理，此为良知善恶自辨之理。王阳明说："良知在人，随你如何，不能泯灭，虽盗贼亦自知不当为盗，唤他做贼，他还忸怩。"[①]《大学》说："小人闲居为不善，无所不至，见君子而后厌然，掩其不善，而著其善。人之视己，如见其肺肝然，则何益

---

① 王阳明. 王阳明全集[M]. 吴光，钱明，等编校. 上海：上海古籍出版社，2011：105.

矣。"非常生动地说明了这一点。小人独居一处时,无恶不作,为达目的无所不用其极,但是见到君子的时候就会畏畏缩缩,拼命掩盖自己的不善之举,而标榜自己是善人,然而不过是自欺欺人罢了。小人为何不明目张胆作恶,而要掩其不善?是因为他们知道作恶为法理所不容,为人所不齿。因此教育需要及时发现这一点羞耻心,然后存养扩充之,最后使人改过迁善,安其所安。

三、 仁者以天地万物为一体

"夫人者,天地之心,天地万物,本吾一体者也,生民之困苦荼毒,孰非疾痛之切于吾身者乎?不知吾身之疾痛,无是非之心者也。是非之心,不虑而知,不学而能,所谓良知也。良知之在人心,无间于圣愚,天下古今之所同也。"① 人之所以能够称为天地之心,万物之灵,是因为人具有不虑而知、不学而能之良知,此良知乃是大地万物之一点灵明处,知天下之痛痒,故与天地万物为一体。《说文解字》:"人,天地之性最贵者也。"段玉裁注:"天地之心谓之人,能与天地合德;果实之心亦谓之人,能复生草木而成果实,皆至微而具全体也。"人与禽兽草木皆为天地所生,然人为天地之最贵者,是因为人合天地之德,聚阴阳五行之秀气,故人是天地之心。果实之心亦谓之"人",因其能复生草木而成果实。果实之心即果仁,台湾画家、诗人蒋勋先生说,我们嗑瓜子时,吃的那个东西叫仁。所有硬壳里面那个最柔

---

① 王阳明. 王阳明全集[M]. 吴光,钱明,等编校. 上海:上海古籍出版社,2011:89-90.

软的部分叫"仁",那是"发生生命的部分"。如此,天地之心是人,人之心是仁,因此仁是最根本的天地之心,又说人是天地最贵者,所以仁是天地最贵者。果实之心(果仁)为果实最贵者,因为那是生命开始的地方;人是天地之心,因为人是天地生机的代表;仁是人之心,因为那是人的生命意义价值之体现。无论对于花草树木而言,还是对于人类而言,仁是宇宙一切生命的生发点。当"仁"没有了,生机就没有了,生命也就没有了。

《易传·系辞下》说"天地之大德曰生",故"仁"是天地之大德,仁者以天地万物为一体。程颢说:"医书言手足痿痹为不仁,此言最善名状。仁者,以天地万物为一体,莫非己也。认得为己,何所不至?若不有诸己,自不与己相干,如手足不仁,气已不贯,皆不属己。"[1] 心的麻木不仁和手足的麻木不仁是一样的。谢良佐继承和丰富了此说,他说:"心者何也?仁是矣。仁者何也?活者为仁,死者为不仁。今人身体麻痹不知痛痒谓之不仁,桃杏之核可种可生者谓之仁,言有生之意。推此,仁可见矣。仁,操则存,舍则亡。"[2] 耳之德聪,目之德明,心之德仁。耳聋则宇宙人间之天籁皆无法入其耳,目盲则天地万物之美皆无法入其眼,此为生理不仁之体现。人心若不仁,则犹如草木之无情,谈何以天地万物为一体。故"人"见孺子将入井,而必有怵惕恻隐之心;见鸟兽之哀鸣觳觫,而必有不忍之心;见草木之摧折,而必有悯恤之心;见瓦石之毁坏,而必有顾惜之心。此"恻隐之心""不忍之心""悯恤之心""顾惜之心"均为一体之仁心

---

[1] 程颢,程颐. 二程遗书 [M]. 上海:上海古籍出版社,2011:65.
[2] 陈来. 宋明理学 [M]. 上海:华东师范大学出版社,2004:143.

也。孟子曰无此仁心，非"人"也，唯有存养扩充与生俱来之"仁"，才能成为"人"。周敦颐说："惟人也得其秀而最灵。形既生矣，神发知矣，五性感动而善恶分，万事出矣。圣人定之以中正仁义，而主静，立人极焉。故圣人与天地合其德，日月合其明，四时合其序，鬼神合其吉凶。君子修之，吉；小人悖之，凶。"① 仁是生，是一种创造力，表示通畅、活跃，其本体论意义即生生流行，感通无碍，如手足知痛痒之意，耳聪目明之意，这是从人的生理方面而言，表现为健康富于活力；其伦理意义是指人与天地万物为一体，天地万物皆备于我，吾心即宇宙，宇宙即吾心。

因此圣人不过是存养扩充"一体之仁心"而能尽性致良知，真正成为天地之心的人。故王阳明说："世之君子，惟务致其良知，则自能公是非，同好恶，视人犹己，视国犹家，而以天地万物为一体，求天下无治，不可得矣。古之人所以能见善不啻若己出，见恶不啻若己入，视民之饥溺犹己之饥溺，而一夫不获，若己推而纳诸沟中者，非故为是而以蕲天下之信己也，务致其良知，求自慊而已矣。尧、舜、三王之圣，言而民莫不信者，致其良知而言之也；行而民莫不说者，致其良知而行之也。是以其民熙熙皞皞，杀之不怨，利之不庸，施及蛮貊，而凡有血气者莫不尊亲，为其良知之同也。"② 圣人为什么看到善就像自己做了好事，看到恶就像自己做了恶事；把百姓的饥饿看成是自己的饥饿困苦；只要有一个人没有安顿好，就觉得自己把他推进了阴沟？

---

① 周敦颐. 周子通书［M］. 上海：上海古籍出版社，2000：48.
② 王阳明. 王阳明全集［M］. 吴光，钱明，等编校. 上海：上海古籍出版社，2011：90.

那是因为圣人之心生生流行，灵活敏锐以知人知己之痛痒，故能五性感动而善恶分。尧舜禹汤等圣人，他们说的话百姓没有不信任的，这是因为，他们所说的也只是推致了自己的良知。因此，百姓和乐而满意，即便被处死也没有怨恨之心，百姓获得了利益，圣人不引以为功。把这些推广到蛮夷之地，凡是有气血的人无不孝敬自己的父母，因为他们的良知是相同的。圣人能够以"先觉"觉"后觉"，不过是良知使然，不听从良知则心不安，故能与天地万物为一体。《中庸》说："唯天下至诚，为能尽其性；能尽其性，则能尽人之性；能尽人之性，则能尽物之性；能尽物之性，则可以赞天地之化育；可以赞天地之化育，则可以与天地参矣。"圣人便是尽人之性的人，所以能够与天地万物为一体，成为真正的天地之心，万物之灵，从而与天地并列为三。

第四篇　仁，从人从二

仁在事。若不于事上看，如何见仁？——朱熹

仁者，人之所以为人之理也。然仁，理也；人，物也。以仁之理，合于人之身而言之，乃所谓道者也。——朱熹

一些人认为权钱名色是人生幸福的关键因素，然而由哈佛大学发起的一项持续76年之久的研究却表明：和他人建立亲密关系，才是人生幸福的根本。主持该项研究32年的瓦利恩特说："爱、温暖和亲密关系，会直接影响一个人的'应对机制'……温暖亲密的关系是美好生活的最重要开场。"然而，在现实生活当中，却有不计其数的人无法在关系中获得爱和温暖，相反，却因为处理不好种种社会关系而导致悲剧的发生。比如轰动一时的顾城杀妻案、江歌案、西安交大博士生自杀溺亡案等，均以极端的杀人或自杀方式来终结其与他人的关系。马克思说："人的本质，在其现实性上，是一切社会关系的总和。"在这一切社会关系之中，有些关系是与生俱来的，比如父子关系、兄弟关系等一切血缘关系；有的关系是后天建立的，比如夫妻关系、情侣关系、朋友关系、师生关系等。但不管是先天关系，还是后天关系，我们都无法逃离，也不应当逃离。王阳明说："佛怕父子累，却逃了父子；怕君臣累，却逃了君臣；怕夫妇累，却逃了夫妇：都是为个君臣、父子、夫妇著了相，便须逃避。如吾儒有个父

子,还他以仁;有个君臣,还他以义;有个夫妇,还他以别:何曾著父子、君臣、夫妇的相?"①也许我们可以选择不结婚、不交朋友等,不去建立任何的亲密关系,但是我们却没办法切断与父母兄弟的关系。在我们一生当中,家人不多,也不是每个人都会成为自己的朋友,能作自己老师的人更是少之又少,所以我们应当好好思考如何处理好这种种关系,如何能够以心换心,而不是因噎废食,选择逃避。王阳明说"心外无物,心外无理",《中庸》说"不诚无物",如果我们不能以一颗诚心来对待他们,那么所谓的父子关系、夫妻关系、兄弟关系、朋友关系、师生关系都只是有名无实。而如果我们能够以仁心相待,则父子有亲、夫妇有别、长幼有序、朋友有信、师生有恩。

一、人相偶谓仁

王阳明游南镇的时候,一朋友指岩中花树问他说:"天下无心外之物,如此花树,在深山中自开自落,于我心亦何相关?"王阳明回答:"汝未见此花时,此花与汝心同归于寂。汝见此花时,则此花颜色一时明白起来。便知此花不在你的心外。"②这个例子是王阳明"心外无物、心外无理"观点的一个完美呈现,其揭示了人如何建立名副其实的关系以及如何在关系中找到最佳状态的深刻内容。王阳明特别强调"花"与"我"只有出现在同一

---

① 王阳明. 王阳明全集[M]. 吴光,钱明,等编校. 上海:上海古籍出版社,2011:112.
② 王阳明. 王阳明全集[M]. 吴光,钱明,等编校. 上海:上海古籍出版社,2011:122.

个时空之中的时候（汝见此花），才会发生关联，否则就是"同归于寂"。即物（于我而言，属于对象的人和事）我只有处于同一时空之中的时候，伦理关系才会发生，如果是"老死不相往来"则不存在伦理关系，也就不存在关系状态和谐与否的问题。梁漱溟先生说："在春秋时，所谓仁也者，以此一人与彼一人相偶而尽其礼义忠恕等事之谓也……郑玄曰：'人相偶谓仁。'若人不与人相偶则仁不成。若世界上只一人，则人格实无从表现，须有二人以上接触而始有……"① 因此"汝见此花"即时空的同一性——人相偶，这是探讨礼义忠恕之事的前提条件，如从未谋面的陌生人自然不需要探究朋友之信，不会成为夫妻的两人自然也不需要探究夫妻之别。如此，只有在关系中，人才能体现"仁"，也只有在关系中践行"仁"，人才能成为人。

"汝见此花时，则此花颜色一时明白起来"，花因为"你"的出现而变得更加娇艳了，那么这是一种非常和谐美好的状态，反之，花是有可能加速凋零的，只要"你"轻轻一折，这种美好就会荡然无存。因此关系是否"中和美好"具体表现为物我的状态。"汝见此花"，才会和花发生关联，否则就是"同归于寂"，可见人与花的关系并不是必然存在的。而人与人发生关联（关系）则是必然，每一个人都不是独立存在的原子，每个人都和他人有千丝万缕的联系，而如何处理这些关系，是人不可回避的现实问题。正因为人根本无法脱离关系而存在，也就决定了人不可能逃离伦理。在圣人生活的年代，五伦是最基本的伦理。在五伦

---

① 梁漱溟. 梁漱溟先生讲孔孟［M］. 李渊庭，阎秉华，整理. 北京：商务印书馆，2011：28.

中,父子伦理又是必然中的必然。不是每个人都会有孩子,但是每个人都会有父母。正因为如此,"孝悌"乃"为人之本"。而其他后天所建立的如君臣关系(可理解为今天工作中的上下级关系)、夫妻关系、朋友关系等,同样体现伦理,同样需要每个人在关系中做到符合伦理。

不管是先天关系,还是后天建立的关系,都决定了伦理关系之"理",而此"理"是否恰到好处,是否真的"理"则取决于"我"。为什么王阳明说的是"花"的颜色"明白起来",而不是个体"我"因为花的存在而顿时心情大好,那是因为他强调的是个体"我"的一种主动性(关键性因素),"我与他人"关系的和谐与否,中和与否,关键在"我",不在彼。而主宰"我"的是"心",归根到底须有一颗仁心,才能在瞬息万变的人伦关系中找到理,从而使得物我处于一种和谐美好的状态当中,这种状态实质是无过而又无不及的中庸状态,虽从我发出,最终也会回馈到我的身上,花开愈艳,吾情愈悦。

二、心与理二分之弊

为什么需要特别强调伦理是一种关系之理,而不是事物之理?因为并不是懂得事物之理越多,人就越能在关系中做到符合伦理。高智商人群犯罪高发便是体现之一,如2013年震惊华夏大地的复旦大学林森浩投毒案。近些年来高学历人群失德事件频发也是体现之一,如武汉某高校女博士迟到误机掌掴工作人员事件,北京某高校博士高铁霸座事件等,都是有力说明。同时,伦理不等同于事物之理,则意味着我们不能在关系中止步于寻求事物之理。事物之理只客观存在于事物本身，并不会因为我们的出现而改变，比如南镇之花在深山中自开自落，颜色如何，一年开几次，无论人出现与否，都不会改变。但如果是关系之理，此"理"则由两者的状态决定，又如何能够"求之于事物"呢？少年王阳明非常信奉朱子学说，于是就和一个朋友相约格竹子以求理。朋友格了三天，病倒了，阳明以为是朋友身体太弱，所以他去格了一个星期，非但没有格出什么理来，反而把自己格出了一场大病并从此留下了病根。因此他提出了疑问："先儒解格物为格天下之物，天下之物如何格得？且谓一草一木亦皆有理，今如何去格？纵格得草木来，如何反来诚得自家意?"① 一草一木均有理，然是物理之理，与"我"并无相关，所以通过格万物之理，极难与自家诚意沟通链接，这是王阳明亲身经历所悟而得。

王阳明说："朱子所谓'格物'云者，在即物而穷其理也。即物穷理，是就事事物物上求其所谓定理者也，是以吾心而求理于事事物物之中，析'心'与'理'而为二矣。夫求理于事事物物者，如求孝之理于其亲之谓也。求孝之理于其亲，则孝之理其果在于吾之心耶？抑果在于亲之身耶？假而果在于亲之身，而亲没之后，吾心遂无孝之理欤？见孺子之入井，必有恻隐之理，是恻隐之理果在孺子之身欤？抑在于吾心之良知欤？……以是例之，万事万物之理，莫不皆然。是可以见析心与理为二之非矣。"② 用自己的心到事事物物中去求理，就将心与理分而为二

---

① 王阳明. 王阳明全集［M］. 吴光，钱明，等编校. 上海：上海古籍出版社，2011：135.
② 王阳明. 王阳明全集［M］. 吴光，钱明，等编校. 上海：上海古籍出版社，2011：50-51.

了。道理很简单，我们希望孝顺父母，那么孝顺的理难道是在父母的身上求吗？我们希望对朋友诚信，那么诚信的理难道是在朋友身上求得吗？如果父母、朋友不在之后，那孝顺的理、诚信的理还存不存在呢？朱熹说："……心虽主宰人身，但实际被天下之理所管。理虽然散落在万事之间，但实际不在人之一心之外。"王阳明认为，此话虽没错，但在一分一合之间，就未免启示学者心与理是两件事，这就导致了后世"专求本心，遂遗物理"之患，这正是因为不知"心即理"之故。所以王阳明又说："夫外心以求物理，是以有暗而不达之处，此告子'义外'之说，孟子所以谓之不知义也。心一而已。以其全体恻怛而言谓之仁，以其得宜而言谓之义，以其条理而言谓之理；不可外心以求仁，不可外心以求义，独可外心以求理乎？外心以求理，此知行之所以二也。求理于吾心，此圣门知行合一之教，吾子又何疑乎？"[①] 到心外寻求理，这就是心与理分而为二、知与行分而为二了。事实上，人本来就只有一颗心，只是此心在不同的关系中的发用，便叫作不同的理罢了。就好比同一个人，对于父亲而言，叫作儿子，对于儿子而言，叫作父亲，对于妻子而言，叫作丈夫，而对于学生而言，就叫作老师。同一个人，只要他以一颗仁心来对待所有的人，那么对父亲当理称之为孝顺，对儿子当理称之为慈爱，对妻子当理称之为忠诚，对学生当理称之为关怀，这也是孔子所说的"吾道一以贯之"之意。而且只要有一颗仁心，就会促使人去了解自己的父亲、自己的儿子、自己的妻子、自己的学

---

① 王阳明. 王阳明全集［M］. 吴光，钱明，等编校. 上海：上海古籍出版社，2011：48.

生,即便是一开始没有找到"理",也会努力不断调整,直到找到,从而形成中和美好的关系。从己心下功夫,避免心与理二分的弊端。

　　孟子说:"异于白马之白也,无以异于白人之白也。不识长马之长也,无以异于长人之长欤?且谓长者义乎?长之者义乎?"(《孟子·告子上》)孟子和告子关于"义内"还是"义外"问题的探讨,实际上包含了伦理关系中的两个层次的"理"。告子说:"看到年长的人我就尊敬他,这是因为他年长,而不是我本来对他有尊敬之心;就好比我说那些东西是白的,是因为他们的外表是白的,所以说义是外在的。"告子强调的是外在的事物之理决定了自己应该以什么"理"来对待。比如对待年长的人要尊敬,是年长之人这个物理之理决定了我的伦理之理,即尊敬;比如儿子对待父亲要孝顺,父亲这个物理之理决定了儿子的伦理之理,即孝顺;父亲对待儿子要慈爱,儿子的物理之理决定了父亲的伦理之理,即慈爱。由此而得出义是外在的。"尊敬""孝顺""慈祥"之所以是不一样的伦理,是因为伦理关系中的对象不一样。所以孟子说:"白马的白和白人的白没有什么不同。那么不知道对老马的怜爱和对老者的尊敬,是不是也有什么不同呢?"白马和白人都有白的特征,但是我们对待老马和对待老人能完全一样吗?显然不可以。孟子又说:"而且,你觉得是老者有义呢,还是尊敬老者的人有义呢?"孟子强调的是自己对待对方是否"当理",不是从事物本身求得,而是从自己身上求得:比如是否真的尊敬长者,不是从长者身上求尊敬的理,而是从自己心上求;比如是否真的孝顺父母,不是从父母身上求孝顺的理,而是从自己心上求;比如交友以信,不是从朋友身上寻求诚信的理,而是从自己心上寻求。所以这是伦理关系的两个方面，两个理。告子说义是外在的，是指关系中对方的理决定了我以何种"伦理"对待他，这是一种客观存在；孟子之所以说理是内在的，是因为他强调关系是否当理取决于自己；王阳明说心即理，一方面可以避免心与理二分的弊端，另一方面强调每个人都应该在自己的心上下功夫，事事反身而诚、反求诸己。

三、心外无物，心外无理

王阳明游南镇见山中花开，这个例子中的"花"喻指千千万万的"他人和事物"，"你"喻指千千万万的个体"我"，"花的颜色一时明白起来"喻指一种中和、符合伦理的关系。所以在五伦中，圣人所强调的"亲""义""别""序""信"等并不是一种具体的行为方式，更不是一种唯一的行为规范和准则，而是由人之"仁心"所带来的一种无过无不及的中庸之道。此中庸之道既极广大又极精微，其造端乎夫妇，以至察乎天地。此中庸之道之于人伦关系，有如水之于鱼，得之则生，不得则死（不得其死，桎梏之死）。人通过具体的关系（五达道）来达到中庸之道，其效验（三达德）也需要通过具体的关系呈现出来，随着时代的发展，可以不止于五达道，不止于三达德，哪怕换成完全不同的词，其"一"是不变的。

王阳明说："身之主宰便是心，心之所发便是意，意之本体便是知，意之所在便是物。如意在于事亲，即事亲便是一物；意在于事君，即事君便是一物；意在于仁民爱物，即仁民爱物便是一物；意在于视听言动，即视听言动便是一物。所以某说无心外之理，无心外之物。《中庸》言'不诚无物'，《大学》'明明德'之功，只是个诚意。诚意之功只是个格物。"①"意在赏花"，则"花"为一物，若赏花之意"不诚"，则此花不存在；"意在事亲"，则"事亲"为一物，若事亲之意"不诚"，则事亲不存在；"意在事君"，则"事君"为一物，若事君之意"不诚"，则事君不存在；"意在仁民爱物"，则"仁民爱物"为一物，若仁民爱物之意"不诚"，则仁民爱物不存在；"意在视听言动"，则"视听言动"为一物，若视听言动之意"不诚"，则视听言动不存在。又说："'格物'，如《孟子》'大人格君心'之'格'，是去其心之不正，以全其本体之正。但意念所在，即要去其不正以全其正，即无时无处不是存天理，即是穷理。天理即是'明德'，穷理即是'明明德'。"②赏花之心"不正"，则此花不存在；事亲之心"不正"，则事亲不存在；事君之心"不正"，则事君不存在；仁民爱物之心"不正"，则仁民爱物不存在；视听言动之心"不正"，则视听言动不存在。故"心外无物，心外无理"强调的是于事事物物须诚意正心（不掺杂私念）。《大学》有言："身有所忿懥，则不得其正；有所恐惧，则不得其正；有所好乐，则不得其正；有所忧患，则不得其正。心不在焉，视而不见，听而不闻，食而不知其味。"所以才强调"修身在正其心"，只要将"忿懥""恐惧""好乐""忧患"修去，自然能够归于中正平和。《管子·心术上》说："心之在体，君之位也；九窍之有职，官之分

---

① 王阳明. 王阳明全集［M］. 吴光，钱明，等编校. 上海：上海古籍出版社，2011：6-7.

② 王阳明. 王阳明全集［M］. 吴光，钱明，等编校. 上海：上海古籍出版社，2011：7.

也。心处其道，九窍循理；嗜欲充益，目不见色，耳不闻声。故曰上离其道，下失其事。"此处也强调，心主宰身之"九窍"（眼耳鼻口等），好比君主统领百官，如果君主离道，百官必不能尽职尽责。同理，如果心嗜欲而失其正道，那么身之九窍也会荒怠职事，从而"视而不见，听而不闻，食而不知其味"，如此，则当然"心外无物、心外无理"。

王阳明说："心之体，性也，性即理也。故有孝亲之心，即有孝之理，无孝亲之心，即无孝之理矣。有忠君之心，即有忠之理，无忠君之心，即无忠之理矣。理岂外于吾心邪?"① 王阳明一再强调心是身的主宰，耳目口鼻四肢是身，没有心，耳不能听，目不能视，口不能说，四肢不能动，因此有心才有身之视听言动，没有心就没有身。王阳明认为身心意知物只是一件事。他说："但指其充塞处言之谓之身，指其主宰处言之谓之心，指心之发动处谓之意，指意之灵明处谓之知，指意之涉着处谓之物：只是一件。"② 心感万事万物而应，进而通过身具体表现为意，意之灵明谓之知，也就是"意"着物当理便是良知，故又说"心即理"。可见"心外无物"最深刻的含义在于指出了"我"对待物的态度，是"有心"还是"无心"（必须是诚意正心），"无心"便不会起意，不起意便直接忽视物的存在，有何"理"可言？由此又得出"心在理必在"即"心外无理"的观点。

王阳明在《传习录》中多次运用树根的比喻来强调纯乎天理

---

① 王阳明. 王阳明全集 [M]. 吴光，钱明，等编校. 上海：上海古籍出版社，2011：48.
② 王阳明. 王阳明全集 [M]. 吴光，钱明，等编校. 上海：上海古籍出版社，2011：103.

之心的重要性，他说："只是有个头脑，只是就此心去人欲、存天理上讲求。就如讲求冬温，也只是要尽此心之孝，恐怕有一毫人欲间杂；讲求夏凊，也只是要尽此心之孝，恐怕有一毫人欲间杂；只是讲求得此心。此心若无人欲，纯是天理，是个诚于孝亲的心，冬时自然思量父母的寒，便自要去求个温的道理；夏时自然思量父母的热，便自要去求个凊的道理。这都是那诚孝的心发出来的条件。却是须有这诚孝的心，然后有这条件发出来。譬之树木，这诚孝的心便是根，许多条件便是枝叶，须先有根，然后有枝叶，不是先寻了枝叶，然后去种根。《礼记》言：'孝子之有深爱者，必有和气；有和气者，必有愉色；有愉色者，必有婉容。'须是有个深爱做根，便自然如此。"[1] 这个比喻非常生动形象，诚孝的心好比树根，只需要存养这树根，便会枝繁叶茂，也就是以纯乎天理的孝心对待父母，自然会对父母讲求冬温，讲求夏凊。反之，如果此心人欲间杂，就算习得温凊之节、奉养之宜，如在台上一切行为皆恰到好处的戏子，无论演得多么逼真，也不能称之为孝子。甚者，没有一颗纯乎天理之心的人，越是符合理，就越危险。因为一切外在的令人称赞的行为不过是一种伪装，这种伪装的背后极有可能隐藏着某种阴谋，因此阳明强调有心才有理，是为了防止世人成为伪君子。如王莽篡政前的兢兢业业，春秋战国时期各诸侯"尊王攘夷"的忠心，最后证实不过是各怀鬼胎而已。

"心即理"还体现为不受时空变换的影响，无论何时何地，

---

[1] 王阳明. 王阳明全集［M］. 吴光，钱明，等编校. 上海：上海古籍出版社，2011：3.

面对何事何物，都能够当理。王阳明说："圣人之心如明镜，只是一个明，则随感而应，无物不照，未有已往之形尚在，未照之形先具者。若后世所讲，却是如此，是以与圣人之学大背。周公制礼作乐以文天下，皆圣人所能为，尧、舜何不尽为之而待于周公？孔子删述六经以诏万世，亦圣人所能为，周公何不先为之而有待于孔子？是知圣人遇此时，方有此事。只怕镜不明，不怕物来不能照。讲求事变，亦是照时事，然学者却须先有个明的工夫。学者惟患此心之未能明，不患事变之不能尽。"[1] 圣人的心如同明镜，只是一个"明"字，就能随时感应，万物能照。周公制定礼仪制度，以教化天下，这是圣人能做到的，尧舜为什么不全部做了这些事，而要等周公来做呢？孔子删述六经，以教化万世，这也是圣人能够做到的，周公为什么不先做了这些事，而要等孔子来做呢？由此可知，圣人遇到这样的时机，才会做这些事。"理"并不能够脱离具体的时空背景而抽象存在，所以尧舜、周公、孔子等圣人都不能在有生之年穷尽理，从这个角度也论证了此心纯乎天理，不夹杂私欲的重要性。"明镜说"也是王阳明非常著名的比喻之一。他说纯乎天理之心有如明镜，只要镜子足够明亮，何惧物来不照，只要此心不被私欲蒙蔽，何惧遇事不当理。如孔子"可以速则速，可以久则久，可以处则处，可以仕则仕"。因此孟子评价其"圣之时者也。孔子之谓集大成。集大成也者，金声而玉振之也"。"时者"二字，尽显孔子"事变权变"之智慧。

---

[1] 王阳明. 王阳明全集[M]. 吴光，钱明，等编校. 上海：上海古籍出版社，2011：13-14.

四、义理无定，不可外求

"我"是千千万万个迥然有异的"我"，和"我"发生关联的是千千万万的"他人和事物"，即便同一个"我"和同一个"他人"，当时空变换之后，关系状态也会随之变换。比如关于孝顺，即便对于同一个人，在不同的时期会有不同的具体内容。对于小学生而言，认真完成学校的作业，不让父母为自己的学业操心，这是一种孝顺；对于已经毕业，走向社会的成年人而言，工作认真，事业有成，不让父母挂心，是一种孝顺；对于成家立业的人而言，让老人享受天伦之乐是一种孝顺。而对于不同的人而言，孝顺父母的方式也是不一样的，所以孔子对不同的学生问"孝"，则回答不同。据《论语·为政》，孟懿子问孝，子曰："无违。"子游问孝，子曰："今之孝者，是谓能养。至于犬马，皆能有养；不敬，何以别乎？"子夏问孝，子曰："色难。"而对于不同的历史时期，孝顺的方式也不一样。尧舜时期的孝顺与孔孟时期、朱（熹）陆（九渊）时期的孝顺都不同，所以王阳明说："义理无定在，无穷尽。吾与子言，不可以少有所得而遂谓止此也；再言之，十年、二十年、五十年未有止也。"[1] 又说："圣如尧舜，然尧舜之上，善无尽；恶如桀纣，然桀纣之下，恶无尽。使桀纣未死，恶宁止此乎？使善有尽时，文王何以'望道而未之见'？"[2]

---

[1] 王阳明. 王阳明全集［M］. 吴光，钱明，等编校. 上海：上海古籍出版社，2011：14.

[2] 王阳明. 王阳明全集［M］. 吴光，钱明，等编校. 上海：上海古籍出版社，2011：14.

是非善恶标准会随着时空的变换而变化，因此即便是圣人也不可能穷尽。宇宙唯一不变的就是变，这样瞬息万变的世界，即便是像尧舜、周公、孔子这样的圣人，也绝对不可能制定出一套适合于任何时空的伦理规范。从这个角度的反面也说明，当人们处于不同的时空之中的时候，也不可能找到一套能够完全指导自己行动的伦理规范，因此阳明才说："夫舜之不告而娶，岂舜之前已有不告而娶者为之准则，故舜得以考之何典，问诸何人，而为此邪？抑亦求诸其心一念之良知，权轻重之宜，不得已而为此邪？武之不葬而兴师，岂武之前已有不葬而兴师者为之准则，故武得以考之何典，问诸何人，而为此邪？抑亦求诸其心一念之良知，权轻重之宜，不得已而为此邪？使舜之心而非诚于为无后，武之心而非诚于为救民，则其不告而娶与不葬而兴师，乃不孝不忠之大者。"① 舜不告而娶，武王不葬而兴师，在当时的情境之下，并没有什么经典准则可据，更没有什么圣人在旁边告诉他们怎么做，他们只是根据心中的良知，权衡轻重利弊，才做出的选择。假如舜不是担心"无后"，武王心中不是要救民于水火之中，那么，不请示父母而娶妻和不安葬先王而兴兵讨伐，才是最大的不忠和不孝。后之学者不致良知，只是凭空判断这些事情，将其作为待人接物的原则，以求没有过失，这就不得圣人之道了，这也就是阳明一再强调"心即理"的原因，因为时空的变换，现实情境的复杂性，不可能从经典中求得解决方案，最后只能求之于心，只要此心纯乎天理，必定随感而照，天理昭明。

---

① 王阳明. 传习录集评 [M]. 梁启超点校. 北京：九州出版社，2015：115.

既然义理无定，又怎能通过向外求而得到呢？王阳明的弟子私底下记录他的一言一行，他知道后对弟子们说："圣贤教人如医用药，皆因病立方，酌其虚实温凉阴阳内外而时时加减之，要在去病，初无定说。若拘执一方，鲜不杀人矣，今某与诸君不过各就偏蔽箴切砥砺，但能改化，即吾言已为赘疣。若遂守为成训，他日误己误人，某之罪过可复追赎乎？"① 王阳明所要表达的道理非常简单，病之有异则药之不同。即便同是感冒，如果是不同的原因造成的，所开的药方也不一样。为人处世和治病良方一样，都是没有唯一确定的规范准则的。王阳明担心学生无法掌握自己学说的要义而墨守成训，最后害人害己，自己担不起责任。孔子有三千弟子，圣贤七十二人，他们性格各异，禀性有别，才情不一，孔子教育他们的方式也不一样，这种因材施教正是"因病立方"的体现之一。比如子贡总是"求圣人于言语之间"，因此孔子"以无言警之"，希望"使之实体诸心以求自得"。而颜回对于孔子之言则总是"默识心通"，因此孔子"与之言终日"。王阳明说："孔子于子贡之无言不为少，于颜子之终日言不为多，各当其可而已。"这就体现了圣人"不执一方"的权变之道。关于男女授受不亲的例子更是说明这一点。淳干髡问："男女授受不亲，礼与？"孟子回答："礼也。"又问："嫂溺，则援之以手乎？"孟子回答："嫂溺不援，是豺狼也。男女授受不亲，礼也，嫂溺，援之以手者，权也。"（《孟子·离娄上》）"男女授受不亲"是周礼的规定，但看见女人落水了还机械地坚持授受不亲，而不

---

① 王阳明. 王阳明全集［M］. 吴光，钱明，等编校. 上海：上海古籍出版社，2011：1737.

去拉一把的话,就有如禽兽了。有智慧的人一定是懂得权变,而不墨守成规的人。因此王阳明说:"中只有天理,只是易,随时变易,如何执得?须是因时制宜,难预先定一个规矩在。如后世儒者要将道理一一说得无罅漏,立定个格式,此正是执一。"①圣人智慧在于不僵化,懂得权变,权变就是因地制宜、因时制宜。最后达到无过而无不及的状态。正因为瞬息万变的世界,才要求学圣人之道,必须要懂得权变圆融,而不是机械理解圣人的言行举止。

为什么王阳明会特别强调圣人之知是知"天理",而不是"闻见之知"呢?原因也在此。"闻见之知"实际上是由"天理之知"来制定的,是会随着时空而变化的,也正因为随着时空而变,这种"闻见之知"无穷尽,无穷尽又如何能够学尽呢?而只要有"天理之知",自然就能够有"闻见之知",所以今之学人应从"天理之知"下功夫,而不是把大量的精力放在"闻见之知"(如具体的德育条目)上。舜使契以五伦教化人,是不得已,如"父子有亲,君臣有义,夫妇有别,长幼有序,朋友有信",这在尧舜禹的时代是每个人都不可避免的关系,所以才从这最基本的关系来要求人做到,从而使得不知命、不识大体的人不至于使自己立于岩墙之下而死于桎梏。孔子为何极力倡导恢复礼乐制度,为何作《春秋》?邦有道则礼乐征伐自天子出,邦无道则礼乐征伐自诸侯出,孔子是为了正名,为了正天下人之心不得已而为之。所以世人学的应该是礼乐的精神,《春秋》一书的真义,而

---

① 王阳明. 王阳明全集[M]. 吴光,钱明,等编校. 上海:上海古籍出版社,2011:21-22.

不是具体的内容。"人而不仁如礼何？""人而不仁如乐何？"礼乐的核心在"仁"。对于五伦，更不应该僵化地理解，人是社会关系的总和，没有人能够脱离关系，所以如何处理好这些关系，中国圣人认为仁很重要，诚很重要。仁就是一颗知天地万物痛痒的心，诚就是忠于自己的仁，既不自欺，也不欺人。只要此心仁，必诚。如何才能仁？需不为外物所移，如"今人乍见孺子将入井，皆有怵惕恻隐之心，非所以内交于孺子之父母也，非所以要誉于乡党朋友也，非恶其声而然"，所谓"怵惕恻隐"便是仁，于是援手救孺子是诚。仁和诚便是纯乎天理之心的体现。可是人的仁，人的诚是会被私欲所蒙蔽的，于是才有人见死不救，才有人因利伤人杀人，即便是最亲的人也不例外。圣人知世人会因利而父不父、子不子，所以才一直强调正名，强调仁爱之心，强调求放心，强调知类、识大体。由此，闻见之知是圣人不得已而为之的下下策，世人若能"畏圣人之言"，便能够避免很多的悲剧。但总有小人"狎大人，侮圣人之言"，所以今之学人仅仅学习闻见之知是不足以保证自己不立于岩墙之下的，唯有在关系中存养扩充"仁心"才可以。

第五篇　时代新人：君子公民

  汤之《盘铭》曰："苟日新，日日新，又日新。"《康诰》曰："作新民。"《诗》曰："周虽旧邦，其命惟新。"是故君子无所不用其极。——《大学》

一、君子学说面临的挑战

  以仁为核心的儒家君子学说，对于中华民族走向文明贡献巨大，理应为一代代中华儿女自觉继承和发扬光大。毫无疑问，这种继承和发展本身就意味着正视儒家君子学说所面临的时代挑战。

  近代以来，君子学说面临的最大困境和挑战在于，为什么以儒家学说为底蕴的君子，尽管具有"道尊于势"的人文传统，却在专制统治下以"臣民"的身份生活了两千年，无法与专制皇权相抗衡？！这一挑战说到底也是对儒家学说的挑战。

  徐复观先生认为，以法家思想为根源的专制机器是"中国社会停滞不前的总根源"。他说："两千年来的历史，政治家、思想家，只是在专制这驾大机器之下，作补偏救弊之图。补救到要突破此一专制机器时，便立即会被此一机器轧死。一切人民，只能环绕着这副机器，作互相纠缠的活动；纠缠到与此一机器直接冲突时，便立刻被这副机器轧死。这副机器，是以法家思想为根源，以绝对化的身份、绝对化的权力为中核，以广大领土，以广大领土上的人民,及人民散漫的生活形式为营养,以军事与刑法为工具所构造起来的。一切文化、经济,只能活动于此一机器之内,而不能逸出于此一机器之外,否则只有被毁灭。这是中国社会停滞不前的总根源。"①

应该说,发端于孔子和孟子进而在四书之中建立起来的儒家道统,在古往今来的一代代君子心目中,不仅远远高于皇权,而且是自己与专制权力抗争的思想基础和勇气源泉。徐复观先生认为,虽然中国自秦以来,一直是专制皇权统治,但因为有以孔子为代表的道统平衡着政统,所以"使任何专制之主,也知道除了自己的现实权力以外,还有一个在教化上,在道理上,另有一种至高无上,而使自己也不能不向之低头下拜的人物的存在。……中国人每一个人的真实价值,也不是由皇帝所决定,而是由圣人所决定,连皇帝自己本身也是如此"。②

基于此,徐复观充分肯定了儒家之于华夏文明的根本意义。他说:"儒家对我们民族最大的贡献之一,是在两千年以前,即明白指出政治乃至人君,是人民的工具,是为人民而存在;而人民不是政治乃至人君的工具,不是为政治乃至人君而存在。所以人君要以人民的好恶为好恶,而不是人民以人君的好恶为好恶。在儒家思想中,每一个人,都是人格的存在,所以特别尊重每一个人人格的成就。而政治的目的,便是要助成这些人格的成就,使人人'皆有士君子之行',以开启一人文的世界。所以政治的

---

① 徐复观. 两汉思想史:第1卷[M]. 上海:华东师范大学出版社,2001:92.
② 李维武. 徐复观文集:第2卷[M]. 武汉:湖北人民出版社,2002:215-216.

本身，即要求其人文化、人格化。此即德治礼治的真意所在。"[1]

问题依然是，为什么具有"'把人当人'的人性政治"[2] 内涵的儒家民本主义理想，却无法改变几千年专制政治的格局？这就涉及儒家思想自身的问题。儒家的民本主义思想虽已考虑到人君应该以人民的好恶为好恶，政治以民意为依归，而且还肯定了对暴君进行革命的正当性，但是，儒家民本主义思想不是以人民为主体，而是仍然以人君为主体和出发点，不曾考虑过如何由人民自身来实现民本、体现民意。"于是儒家的千言万语，终因缺少人民如何去运用政权的间架，乃至缺乏人民与政府关系的明确规定，而依然跳不出主观愿望的范畴；这是儒家有了民主的精神和愿望而中国不曾出现民主的最大关键所在。"[3]

徐复观先生洞察到，仅靠中国文化的力量，并不能转变中国的历史条件，很难解开中国历史的死结。"儒家思想，为政治提供了道德的最高根据，而在观念上也已突破了专制政治。但如上所述，却又被专制政治压回了头，遂使儒家人格的人文主义，没有完全客观的建构，以致仅能缓和了专制政治而不能解决专制政治。这是留给我们今日所应努力的一大问题。"[4]

路在何方？

---

[1] 李维武. 徐复观文集：第 2 卷 [M]. 武汉：湖北人民出版社，2002：171.

[2] 李维武. 徐复观文集：第 2 卷 [M]. 武汉：湖北人民出版社，2002：168.

[3] 李维武. 徐复观文集：第 2 卷 [M]. 武汉：湖北人民出版社，2002：221.

[4] 李维武. 徐复观文集：第 2 卷 [M]. 武汉：湖北人民出版社，2002：226.

徐复观先生给出的方案是："将道德观念与权利观念结合起来。"①

君子以德行为本位，公民以权利为本位。徐复观提出的"将道德观念与权利观念结合起来"，意味着在君子学说中注入权利的要素。而这样一种集"道德观念与权利观念"于一体的人之形象就是"君子公民"。

按照《不列颠百科全书》的定义，"公民身份（citizenship）意味着伴随有责任的自由身份"。② 自由乃是公民之魂。在康德看来，公民有三种不可分离的法律属性，它们是："宪法规定的自由，这是指每一个公民，除了必须服从他表示同意或认可的法律外，不服从任何其他法律；公民的平等，这是指一个公民有权不承认在人民当中还有在他之上的人；政治上的独立（自主），这个权利使一个公民生活在社会中并继续生活下去，并不是由于别人的专横意志，而是由于他本人的权利以及作为这个共同体成员的权利。因此，一个公民的人格的所有权，除他自己而外，别人是不能代表的。"③ 作为人类文明史上的巨人，康德不仅指出了公民之为公民的根本乃在于自由、平等和独立，也指出了公民的自由、平等和独立需要通过宪法加以保障。

---

① 徐复观. 学术与政治之间 [M]. 台北：台湾学生书局，1985：227.
② 不列颠百科全书（国际中文版）：第4卷 [Z]. 北京：中国大百科全书出版社，1999：236.
③ 康德. 法的形而上学原理 [M]. 北京：商务印书馆，1991：140-141.

二、走向君子公民

传统中国社会皇权至上,君子由于在封建专制社会缺少制度保障,从而导致权利缺失,公民权利也就无从谈起。其中的原因正如马克思所指出的:"权利决不能超出社会的经济结构以及由经济结构制约的社会的文化发展。"[①]

今天的中国不仅具有了保障人人自由平等的宪法,而且人权已经入宪。2004年3月14日,《中华人民共和国宪法》第三十三条增加了神圣的9个字:"国家尊重和保障人权。"人权入宪意味着对公民人权的尊重和保障上升到"国家"这一最高层面。始于2014年12月4日的"宪法日"进一步让人人平等的理念深入人心。

党的十七大报告明确提出:加强公民意识教育,树立社会主义民主法治、自由平等、公平正义理念。尊重和保障人权,依法保证全体社会成员平等参与、平等发展的权利。《国家中长期教育改革和发展规划纲要(2010—2020年)》进一步指出:"加强公民意识教育,树立社会主义民主法治、自由平等、公平正义理念,培养社会主义合格公民。"

以上表明,我们不仅建立和完善了以宪法为根本的尊重和保障公民人权的制度平台,而且培养公民已经成为人们的自觉追求。

[①] 马克思,恩格斯. 马克思恩格斯全集:第25卷[M]. 北京:人民出版社,2001:19.

如果说培养现代公民是全球范围内的大势所趋，那么同时也要意识到，我们所培养的公民要具有"中国魂"。在这个意义上，深蕴于四书之中，作为中华民族宝贵财富的儒家君子学说，应该也能够为培养现代公民发挥不可替代的重要作用。这一点不仅已成为越来越多国人的共识，而且在事实上，也正是党和国家近年来的坚定追求。

党的十八大以来，习近平同志在多次讲话中谈到要大力弘扬中华优秀传统文化。在2013年8月19日的讲话中，习近平指出，以儒学为主体的中华优秀传统文化积淀着中华民族最深沉的精神追求与最深厚的文化软实力。2013年11月26日，习近平在曲阜视察期间发表了评价孔子思想的重要讲话。他指出："优秀传统文化是一个国家、一个民族传承和发展的根本，如果丢掉了，就割断了精神命脉"；"中华民族有着五千多年的文明史，创造和传承下来了丰富的优秀文化传统"，"我们决不可抛弃中华民族的优秀文化传统，恰恰相反，我们要很好地传承和弘扬，因为这是我们民族的'根'和'魂'，丢了这个'根'和'魂'，就没有根基了"。习近平同志在谈到有关教材编写工作时还指出："我很不赞成把古代诗词和散文从课本中去掉，'去中国化'是很悲哀的。应该把这些经典嵌在学生脑子里，成为中华民族文化的基因。"而四书中的君子教育思想就是中华民族的"根"与"魂"，就是中华民族世代相传的文化基因。

党的十九大报告指出，中国特色社会主义进入了新时代，这意味着近代以来历经磨难的中华民族迎来了从站起来、富起来到强起来的伟大飞跃，迎来了实现中华民族伟大复兴的光明前景。而推进中华优秀传统文化教育，恰恰是深化中国特色社会主义教育的重要组成部分，是建构中华优秀传统文化继承体系，推动文化传承创新的重要途径，是培育和践行社会主义核心价值观，落实立德树人根本任务的重要基础。

正是基于党对传承与发展中华优秀传统文化、增强文化自信的明确要求，教育部颁布了《完善中华优秀传统文化教育指导纲要》，中共中央办公厅、国务院办公厅则印发了《关于实施中华优秀传统文化传承发展工程的意见》，肯定学校传承中国优秀文化之功能，确立立德树人之责任。

总之，以四书为代表的儒家学说所蕴含的君子思想和优秀教育理念，对于实现立德树人的根本任务，对于培植文化根基、坚定文化自信，对于推进培养德智体美劳全面发展的人才具有积极而重大的推动意义。只有在学校教育、课程体系和校园文化建设等方方面面，全面落实这一纲要，才可立定教化之大本，如此，中国教育才能真正具有根基和灵魂。

今天的中国社会，正在习近平新时代中国特色社会主义思想指引下，走向富强、民主、文明。习近平指出，要引导青少年扣好人生第一粒扣子，培养担当民族复兴大任的时代新人。这就需要我们努力把"君子"与"公民"结合起来。这一结合而产生的新形象就是"君子公民"。这一新形象力图把修身为本的传统责任伦理和自由为本的现代权利道德融贯为一体。在最为根本的意义上，君子公民就是以仁和权利为主要内涵的人之形象。

三、君子公民的探索

其实，对君子公民的理论探索和实践培养，在我们的前辈先贤那里已有端倪。前贤们的努力，为我们今天更好地培养君子公民提供了启发和借鉴。

梁启超是中国君子公民教育思想的首倡者。在《释新民之义》一文中，他指出："凡一国之能立于世界，必有其国民独具之特质，上自道德法律，下至风俗习惯、文学美术，皆有一种独立之精神，祖父传之，子孙继之，然后群乃结，国乃成。"[①] 梁启超所深情关注的"国民独具之特质"其实就是四书中的君子之道。这一思想最为集中地体现在他于1914年所作的《论君子》演讲中。面对清华诸生，梁启超阐发君子自强不息、厚德载物之道，鼓励大家"勉为真君子"，他说："深愿及此时机，崇德修学，勉为真君子，异日出膺大任，足以挽既倒之狂澜，作中流之底柱，则民国幸甚矣。"顺着梁先生的意思，我们可以说，在当代，诸君勉为真君子，则中华民族幸甚矣！这是梁启超对中国君子文化自觉继承的一面。

梁启超更认识到："吾中国人惟日望仁政于其君上也，故遇仁焉者，则为之婴儿；遇不仁焉者，则为之鱼肉。古今仁君少而暴君多，故吾民自数千年来祖宗之遗传，即以受人鱼肉为天经地义，而权利二字之识想，断绝于吾人脑质中者，固已久矣。"[②] 他大声疾呼："国家譬犹树也，权利思想譬犹根也。……为政治家

[①] 梁启超. 梁启超全集：第1册[M]. 北京：北京出版社，1999：657.

[②] 梁启超. 梁启超全集：第1册[M]. 北京：北京出版社，1999：673.

者,以勿摧压权利思想为第一义;为教育家者,以养成权利思想为第一义。"① 基于此,在《论教育当定宗旨》一文中,梁启超指出,中国教育要立足人类文明,吸收人权思想,充实君子文化。他说:"要之,使其民备有人格,享有人权;能自动而非木偶,能自主而非傀儡,能自治而非土蛮,能自立而非附庸。为本国之民,而非他国之民;为现今之民,而非陈古之民;为世界之民,而非陬谷之民。此则普天下文明国教育宗旨之所同,而吾国亦无以易之者也。"② "苟缺此资格,则决无以自立于天壤。"③ 这是梁启超用现代公民思想来发展君子和君子教育思想的一面。

作为中国君子公民教育的发展者,在胡适看来,中国的当务之急是完成文化与制度上的改良,"我们始终没有法可以解决君主专制的问题,始终没有建立一个制度来限制君主的专制大权"④,所以中国人的自由和尊严始终不能得到真正保障。胡适认为"自由""不是那种内心境界",而"是不受外力拘束压迫的权利。是在某一方面的生活不受外力限制束缚的权利"。⑤ 在这里,胡适实际上已触及了消极自由的含义和精髓。以此为基础,他积极宣扬权利学说:"先进的民族得着的民权,不是君主钦赐的,

---

① 梁启超. 梁启超全集:第1册[M]. 北京:北京出版社,1999:675.

② 梁启超. 梁启超全集:第2册[M]. 北京:北京出版社,1999:915.

③ 梁启超. 梁启超全集:第1册[M]. 北京:北京出版社,1999:658.

④ 欧阳哲生. 胡适文集:第12卷[M]. 北京:北京出版社,1998:808.

⑤ 欧阳哲生. 胡适文集:第12卷[M]. 北京:北京出版社,1998:806.

也不是法律授予的；是无数的先知先觉奋斗力争来的，是用血写在法律条文上去的，是时时刻刻靠着无数人的监督才保障得住的。没有长期的自觉的奋斗，绝不会有法律规定的权利；有了法律授予的权利，若没有养成严重监护自己的权利的习惯，那些权利还不过是法律上的空文。法律只能规定我们的权利，绝不能保障我们的权利。权利的保障全靠个人自己养成不肯放弃权利的好习惯。"① 应该说，这种对权利的理解已和今人的认识没有区别了。

为此，就需要公民去努力争取自己的正当权利。针对当时中国社会和国民党对自由和权利的误解乃至曲解，胡适指出了"自由独立的人格"的重要性，他说："把自己铸造成器，方才可以希望有益于社会。真实的为我，便是最有益的为人。……现在有人对你们说：'牺牲你们个人的自由，去求国家的自由！'我对你们说：'争你们个人的自由，便是为国家争自由！争你们自己的人格，便是为国家争人格！自由平等的国家不是一群奴才建造得起来的！'"② 在胡适看来，一个尊重个人自由的社会才是一个好社会，也只有具备自由独立人格的现代公民才能建设一个现代国家，这是现代文明的不二法门。

这就需要训练公民的参与能力。胡适一再强调，人民的参政能力是练习出来的，而不是训斥出来的。在他看来，民主制度本身便是一种教育和最好的政治训练。因为"民主政治的好处在于

---

① 欧阳哲生. 胡适文集：第 11 卷 [M]. 北京：北京出版社，1998：292.

② 欧阳哲生. 胡适文集：第 5 卷 [M]. 北京：北京出版社，1998：511-512.

不甚需要出类拔萃的人才；在于可以逐渐推广政权，有伸缩的余地；在于'集思广益'，使许多阿斗把他们的平凡常识凑起来也可以勉强对付；在于给多数平庸的人有个参加政治的机会，可以训练他们爱护自己的权利"。① 胡适认为，民主政治是常识的政治，而开明专制是特别英杰的政治。特别英杰不可必得，而常识比较容易训练。胡适的卓越之处就在于，他不是把民主仅仅理解为一种政体形式，而是把民主同时理解为人的生活方式。

同时，胡适本着"研究问题，输入学理，整理国故，再造文明"的立场，对君子文化给予了积极的肯定评价。胡适把"君子"界定为"人格高尚的人，有道德，至少能尽一部分人道的人"。② 在他看来，孔子的根本方法，"在于指出一种理想的模范，作为个人及社会的标准。使人'拟之而后言，仪之而后动'。他平日所说'君子'便是人生品行的标准"③。这一思想不仅没有过时，而且经过恰当转换和制度保障，"君子"可以作为现代人格理想与入世典范。

蔡元培先生的《中学修身教科书》则直接提供了一个现代社会之公民道德建设的典范。该书分上、下两篇。上篇含修己、家族、社会、国家、职业五章，侧重于道德规范与实践；下篇除绪论与结论外，计有良心论、理想论、本务论、德论四章，侧重于

---

① 欧阳哲生. 胡适文集：第 11 卷 [M]. 北京：北京出版社，1998：377.
② 欧阳哲生. 胡适文集：第 6 卷 [M]. 北京：北京出版社，1998：236.
③ 欧阳哲生. 胡适文集：第 6 卷 [M]. 北京：北京出版社，1998：237.

道德理论阐发。蔡元培明确指出："本书悉本我国古圣贤道德之原理，旁及东西伦理学大家之说，斟酌取舍，以求适合于今日之社会。"① 蔡先生立足与挖掘的正是四书中的君子教育思想，同时又吸收了康德等人的公民伦理主张。基于强烈的根源意识与文化主体意识，蔡元培没有把传统与现代、家庭与社会、私德与公德绝对分割、对立开来。可以说，蔡元培通过《中学修身教科书》等的刊行，丰富了中国君子公民的内涵，也给我们树立了一种可以学习的典范：君子与臣民合，则文明输；君子与公民合，则文明赢。

陶行知先生则在《学生自治问题之研究》② 一文中突出了"学生自治"所具有的公民意义。他说："学生自治是学生结起团体来，大家学习自己管理自己的手续。"从学校这方面说，就是"为学生预备种种机会，使学生能够大家组织起来，养成他们自己管理自己的能力"。之所以强调学生自治的意义，是因为在陶先生看来，今日的学生，就是将来的公民，将来所需要的公民，即今日所应当养成的学生。专制国所需要的公民，是要他们有被治的习惯；共和国所需要的公民，是要他们有共同自治的能力。中国既号称共和国，当然要有能够共同自治的公民。想有能够共同自治的公民，必先有能够共同自治的学生。所以从我们国体上看起来，学校一定要养成学生共同自治的能力，否则不应算为共和国的学校。

民国时期的陈筑山先生在谈到公民教育之于中华民族的意义

---

① 高平叔. 蔡元培全集：第 2 卷 [M]. 北京：中华书局，1984：169.

② 陶行知. 学生自治问题之研究 [J]. 新教育，1919（2）.

时指出：面对民智竞争的世界，公民教育实应国家的根本要求而立，推广教育以启民智；面对"讲私情、谋私利、逞私见、好私斗、重私德、轻公德"的臣民意识，公民教育实为应对中国社会的病症而立，训练国民的公共精神和团体道德；面对共和政治的时代潮流与国民对国事漠不关心、缺乏政治常识的现状，公民教育特为巩固中华民国的根本而立，培养民众的政治道德知识和技能。① 陈先生的见解在今天依然具有启发意义。

而在当代学人之中，牟钟鉴力图在儒家君子论的基础上，建构当代新君子理论。他提出了"君子六有"②论：有仁义，立人之基；有涵养，美人之性；有操守，挺人之脊；有容量，扩人之胸；有坦诚，存人之真；有担当，尽人之责。陈来在《中华文明的核心价值》③一书中进一步明确了君子的基本信念：（一）道德比法律更重要；（二）社群比个人更重要；（三）精神比物质更重要；（四）责任比权利更重要；（五）民生比民主更重要；（六）秩序比自由更重要；（七）今生比来世更重要；（八）和谐比斗争有价值；（九）文明比原始有价值；（十）家庭比阶级有价值。这是立足现代，对古老的君子理论的丰富和发展。在这种发展的意义上，可以说，君子就是现代的公民，而公民就是古代的君子。

作为当代杰出的教育家，顾明远先生一再强调，教育是为未来社会培养公民，他结合世界教育的发展趋势指出：教育应该以人文主义为基础，为尊重生命和人类尊严、权利平等、社会正

---

① 陈筑山. 平民的公民教育之计划 [J]. 教育杂志，1927（9）.
② 牟钟鉴. 重铸君子人格　推动移风易俗 [J]. 孔子研究，2016（1）.
③ 陈来. 中华文明的核心价值 [M]. 北京：三联书店，2015.

义、文化多样性、国际团结和可持续的未来承担共同责任。[①] 同时，顾先生也指出：中华民族绵延5000年来有一个主要的教育价值观，即《大学》中提出的"修身、齐家、治国、平天下"的理念。这个理念就是中华民族的主流价值观，同时也是中华民族的教育价值观，它的可贵之处在于把个人与家庭、国家，甚至整个世界的利益统一起来。[②]

君子公民，以仁和权利、责任为核心，努力把修身为本的传统责任伦理和自由为本的现代权利道德结合起来；君子公民，不仅要维护公民的基本权利，而且要坚持公民责任和强调君子风范；君子公民，不仅装载着权利，还装载着公民的责任、道德、信仰、信誉、修养、素质、自律、人际关爱、承诺、信任等。当公民身份这艘"船"丰满起来的时候，也就是负责任的好公民——君子公民——诞生的时候。

---

① 顾明远. 对教育本质的新认识[N]. 光明日报, 2016-01-05.
② 顾明远. 再论教育本质和教育价值观[J]. 教育研究, 2018 (5).

第六篇　日新之谓盛德

> 君子之学必日新，日新者日进也。不日新者必日退，未有不进而不退者。——程颐

在日本留学的江歌为救朋友刘鑫搭上了性命，事后刘鑫及其家人的态度让人心寒；而"杭州保姆纵火案"的受害者朱小贞一家待其保姆莫焕晶亲如家人，却没承想因此给自己一家带来了灭门之灾，这是真实上演的农夫与蛇的故事。由此，我们不禁感慨，不是说善有善报，恶有恶报吗，为什么现实却往往是"人善被人欺"？如果做善人并不会得到善报，相反还会上当吃亏甚至丢掉性命，那人为何还要做善人？这似乎陷入了一个困境当中。孔子说："好仁不好学，其蔽也愚；好知不好学，其蔽也荡；好信不好学，其蔽也贼；好直不好学，其蔽也绞；好勇不好学，其蔽也乱；好刚不好学，其蔽也狂。"（《论语·阳货》）所以人不能只是单纯地"好仁""好知""好信""好直""好勇""好刚"，还需要通过好好学习来避免"愚""荡""贼""绞""乱""狂"，为善不为恶需要智慧，辨别世间种种的恶以及应对世间种种的恶更需要智慧，这种智慧需要日新功夫，是学无止境的。

一、"人善被人欺"困境

关于这个话题，我希望从我和朋友的对话说起。

朋友：人善被人欺，作何解释？

我：世上总是会有善人和恶人，恶人总是想要多占便宜，那多占的便宜从哪里来，当然从善人那里来。如果没有人善被人欺，就没有所谓的善人恶人之分了。

朋友：那善人就应该被欺吗？

我：看似被欺，实则不然，看你是为大义还是为小利，这都是个人选择的事情。

朋友：小利固然无所谓，如果是善人无缘无故丢了性命呢？我只是为心地善良的人鸣不平。

我：每个人都有不被人伤害的权利，不是说好人就该被欺。

朋友：话是这么说，可是就是被欺了，而且很多善人没有好下场，反而恶人逍遥法外，虽说恶有恶报，但是有时候报得也太晚了。

我：如果严重侵犯到自身权利的话，那就寻求法律帮助。生活中确实有不少逍遥法外的恶人，尽管如此，我始终坚信"积善之家，必有余庆；积不善之家，必有余殃"。一对老夫妻因为一个西瓜与超市员工赵某发生争执，甚至最后一个劲地谩骂，羞辱赵某，导致赵某在忍无可忍的情况下，用刀将这对老夫妻砍死，自己最后也畏罪自杀了。恶人确实应该受到惩罚，但是不应该以自己的生命为代价，你需要考虑的是这两者的界限。因为世上永远有恶人，恶人之所以是恶人，正是因为他们从不善待自己身边的人。确实有些恶人最终也不会有什么恶报，但是我们能够因为恶人之恶，然后也让自己成为恶人吗？这显然是愚蠢的。孟子说："天将降大任于斯人也，必先苦其心志，劳其筋骨，饿其体肤，空乏其身，行拂乱其所为，所以动心忍性，曾益其所不能……"被欺的人要么忍辱负重，如韩信宁受胯下之辱，亦隐忍不杀屠夫；要么一样作恶，如2017年的热播剧《人民的名义》中的祁同伟。而纵观历史，那些有大成就的人，哪个不是饱经磨难？

朋友：这么说善人就不能有情绪，只能一心向善？

我：就拿我们的孔老夫子来说，他被孟子誉为圣之时者，即时时刻刻都能够做到喜怒哀乐皆能发而皆中节的人。所谓发而皆中节，并不是没有情绪，而是所有的情绪都有，该生气便生气，该悲伤便悲伤，该高兴便高兴，但是这些情绪都是恰到好处的，无过无不及。他并不是世俗所理解的老好人，相反，他最讨厌的恰恰是是非不分、善恶不明的乡愿。

朋友：我觉得世事无常，更无标准，所谓标准只是圣人的主观臆断。

我：在圣人那里从来没有什么绝对的标准，他们只是告诫大家要反求诸己，然后处理好自己所遇到的任何事情。如果有大智慧的话，也是可以不被欺的，比如王阳明智对诬陷自己要谋反的奸诈小人，所以说每个人都需要如切如磋，如琢如磨。

朋友：我越来越觉得儒学真的有部分自欺的阿Q精神，可是大部分是平常人，不可能都是王阳明。

我：那是你目前所能理解的，不切实用功，那肯定体悟不到圣人的境界。圣人学说不是用来要求善人的，而是适用于每个人修身养性的。做不到的人成为了恶人，恶人大多不得其死。而圣人之学正是基于世间有太多的不得其死之人才提出来的，所以说需要修身养性，因为别人说的永远是别人说的，自家痛痒自家知，自家痛痒自家挠。因此《大学》说："自天子以至于庶人，壹是皆以修身为本。"不管是谁，上至天子，下到黎民百姓，都需要修身养性。修则吉，不修则凶。

朋友：我的问题是善人本来就无作恶之心，并没害人之心，他们眼中的世界都是好的，为何还要受害？善人也没要求别人啊？

我：善人的意思是只能要求自己为善，不能要求别人为善，为何世间还是有恶人欺人，因为总有恶人不能要求自己为善啊。

朋友：我不理解就是这里，难道我一人有道，那世界就能够太平了吗？就可以趋利避害了吗？

我：你说对了，如果人人反求诸己，自然人人为善，自然天下太平。

朋友：为什么说如果，就说实际的！

我：为善的人一个是一个，两个是两个，一人做到，那善人就多一个，两个做到，那善人就多两个。其中的关键点在于，你自己在不在那一个两个里面，这就是为什么圣人之学要强调反求诸己的原因之一。如果人人都不问自己在不在那一个两个里面，自然恶人越来越多。孔子五十而知天命，为什么五十才知啊？

朋友：我的问题是，善人自然无心向恶，却也遭恶人欺，这是为何？

我：我一再强调，因为恶人欺人是不讲理由的啊，不然他们为何叫恶人呢？有的人谁也没招惹，还有天灾人祸呢。

朋友：我的重点是被欺的为何多是善人？

我：善人之所以是善人，就是因为被欺也不选择去欺人啊，更不会主动去欺人，可是善人并不能保证他们自己不被人欺。善人从某种程度来说，就是被欺了才成为善人的。如果没有这种被欺，就没有善人恶人之分了。你这个问题有点类似于"他的心灵那么好，为何要承受那么多？"你不忍他承受那么多，所以要来问善人为何被人欺。

朋友：你说"被欺才会成善人"，我不赞同！

我：不，我强调的是被欺了依然不为恶才能叫善人。因为世间有多少人被欺之后愤愤不平，于是也成了欺人之人，就像一再提到的《人民的名义》中的祁同伟。人往往是遇到事的时候做出什么样的行为就会成为什么样的人，并不是先成为什么样的人，再做什么样的事情。

朋友：就是因为守于道，然后平白无故被欺，这个作何解释？

我：我一再强调恶人之所以是恶人，就是因为他们总欺人，不欺你就欺他，总之就是欺，不然的话，他们为什么会被称作恶人呢？好，我们先放下这个问题，我来问你，为什么舜这样"闻一善言，见一善行，若决江河，沛然莫之能御"的圣人会有要杀他的父亲和弟弟？为什么舜谁也没有招惹，老天要给他一个要杀他的父亲，一个要杀他的弟弟？

朋友：这正是我想不明白的地方。

我：因为那是天命不可改变啊，他无法选择自己的父母兄弟，更不能决定父母兄弟的品性，就像我们只能决定自己的品性而不能决定别人的品性一样。

朋友：那我受了委屈不能平反吗？只能冤死了？"

我：当然是需要做出反应的，比如舜，父亲要杀他，那怎么办？杀父亲吗？

朋友：那他为什么不这么做呢？

我：杀父大逆不道啊！而且这里就涉及知天命了。知天命的意思不是说听天由命（认命），更不是粗暴地对待自己的命，而是基于不受己力完全控制的现实（命）而有智慧地做出反应。舜的父亲要杀他，但是他不能杀自己的父亲，所以就想方设法逃跑，以致最后感化了父亲，这是他的选择。可是他不是只有一种选择的，他一样可以杀了父亲泄愤，这样的话世上就少了一个圣人，多了很多的恶，一方面成全了父亲的恶，另一方面更成全了自己的恶。现实中这样的例子不胜枚举。因为遭受不公，所以慢慢就怨恨世界，最极端的不就是把欺自己的人杀掉吗？如曾经轰动一时的马加爵杀人事件，复旦投毒案事件。人在杀他人的同时，自己也陷入了深渊，并且永远不可回头，而这些人全部都叫作"不得其死"。

朋友：正当防卫也不行吗？

我：当然可以，最近不是有一个人正当防卫被判无罪的吗？其实世间想要清明，以恶制恶永远行不通。多一个善人就少一个恶人，多几个善人就少几个不得其死之人。可是我们一定要非常清楚地知道做善人是需要承受很多东西的——富贵不能淫，贫贱不能移，威武不能屈。而所谓天命，含义之一正在此。世人在遇事不顺之时，常常觉得天道不公，于是质问苍天：我不伤天不害理，为什么如此命苦？我与人为善，为何总是吃亏上当？我什么坏事都没干，却什么都没有，坏人做尽一切坏事，却为啥要啥有啥？多少人因为这种心理而愤愤不平，开始作恶，于是就各种为非作歹了。你要知道，从来没有人生而为恶，那恶从哪里来？均从权钱名色里来，从没有智慧里来。

朋友：只能用圣人之道自勉了！

二、 人人须修身以俟命

我的朋友对于儒学修身的看法具有普遍性，从我平时和很多人的交流情况来看，他们都和我的朋友一样对儒学有着诸多的误解。

第一，认为儒学的修身只是一味地教人为善。实际上，儒学的修身，首先是教人有智慧地为善，而不是盲目地为善。其次，儒学还强调人人需要通过修身养性来获得应对世间之恶的能力，从而使得自己逢凶化吉、转祸为福。为什么人善被人欺？只要这个世界有恶人存在，就一定会有人被欺，这是选择做善人需要承担的风险。至于最后会不会真的被恶人欺，这有自己不可控的因素在内，儒家称之为"命"，遇人不淑正是"命"的体现之一。而如何来应对自己所遇的不淑之人，是需要智慧的，这种智慧需要通过后天的学习获得。为恶的人分为几个类型，有的人是主动地有计划有预谋地为恶，如屠杀犹太人、发起世界大战的希特勒及其党羽，这种人是真正的邪恶之人；有的人是因为是非不明，善恶不分而糊里糊涂为恶，如汉娜·阿伦特所说的"平庸之恶"；而有的人则是因为在现实中遭受了不公对待，于是奋起反抗，以恶制恶，从而为恶之人，如激情杀人之人，如孔子所说的"小人穷斯滥矣"之小人，如影视作品中黑化之人等都属于这一类。但不管是主动为恶还是被动为恶，都有可能会使人桎梏而死。在这里不得不强调的是为善之人一旦缺乏为善的智慧，一样有可能会不得其死，如善良的江歌，这是非常令人痛心的。圣人正是因为看到这世间的种种不得其死，才提出人要修身以俟命。修身的意思并不仅仅是教人为善不为恶，还包括如何识别世间的恶以及应对世间的恶，从而使得自己不累于此。修身不像饿了吃饭就能充饥、渴了喝水就能解渴这样立竿见影，修身需要日复一日地努力，需要日日新，又日新。程颐说："君子之学必日新，日新者日进也。不日新者必日退，未有不进而不退者。"① 日新日进，是谓盛德。

第二，认为儒学所强调的修身养性并不能解决世间诸多的恶。《中庸》说"大德必得其位，必得其禄，必得其名，必得其寿"，但现实却是"人善被人欺"。很多人都会就此提出疑问：世间的恶人那么多，多我一个善人不多，少我一个恶人也不少，善人容易吃亏，没有好处，为何我还做善人？儒学所强调的修身确实不会必然给人带来钱权名色，但是却可以让人免受桎梏之苦，让人免于不得其死。正如前面所提到的老夫妻被杀的案子。这个案子的舆论倒向员工赵某，都认为这对老人是罪有应得，因为平时他们就喜欢占便宜，也喜欢骂人。就拿这个案子来分析，赵某无心作恶，为何要被老夫妻欺呢？这其实就是一个概率事件，老夫妻平时就喜欢欺人，正好这回欺上赵某了。也许也会有很多的人感叹：为什么人善被人欺……那么好了，不该被欺。赵某奋起反抗，把老夫妻杀了，最后自己也自杀了。这都叫作不得其死，桎梏而死。这个事件是偶然吗？看似偶然，实则是必然。在这起事件发生之前，也许很多人都被他们欺负过，但是都拿他们没有办法，所以夫妻俩才会一而再再而三地放肆，最后"自作孽，不

---

① 程颢，程颐. 二程遗书［M］. 上海：上海古籍出版社，2011：382.

可活"。这是圣人所说的祸福无不自己招致的体现。对于赵某，以恶制恶，以暴易暴，最后把自己的命都搭进去了，实在是不够智慧，更让我们感到痛心。周敦颐说："圣人与天地合其德，日月合其明，四时合其序，鬼神合其吉凶。君子修之，吉；小人悖之，凶。"正因为圣人能够与天地合德，与日月合明，与四时合序，与鬼神合吉凶，所以才强调人要"修之"。为何圣人要特别强调喜怒哀乐皆要发而中节，因为平时不对自己的性情进行引导的话，关键时刻是管不住自己的，一样会桎梏而死。有很多研究表明，不胜其数的杀人都是激情杀人，所谓激情杀人就是犯罪者无任何故意杀人动机，但在被害人的刺激、挑逗下失去理智，失控进而将他人杀死。人的性情有如洪水，平时不进行疏通引导，洪水一来之后，破坏力真的不是一般的强大。如重庆公交车坠江悲剧，正是因为女乘客错过站而与司机发生争执所导致。如果女乘客能够克制自己，理性对待，那么就完全是不一样的结局，悲哉！王阳明说："圣如尧、舜，然尧、舜之上，善无尽；恶如桀、纣，然桀、纣之下，恶无尽。"只要人不去彰显自己的明德，那么人能造的孽无穷无尽。所以圣人所说的修身以俟命，是非常深刻的，是告诉大家每时每刻都要克制收敛自己的性情，因为稍不注意，就会造成无尽的恶果。人遇事时沉着冷静，处理有当，从来不仅仅关乎道德，而与人的智慧境界有关。被誉为半个"三不朽"的曾国藩，也并不是生来如此有德有智慧，而是倚靠后天几十年的修炼而成。而所谓修炼，不是空谈修炼，是遇事才见修炼功夫，遇事才能修炼。平时大家都是好同学好朋友，你好我好大家好，但只要有一点点利益，都争得头破血流，这就是人品境界之体现。平时不遇事，谁知道谁什么样，所以说真金还得火来炼,是不是真金,用火就知道了,也只有遇到火了,才能炼成真金啊。每个人的一生都有太多的选择,选择什么就会成为什么样的人。而这种选择,是遇事之后的选择,是基于现实的选择,这个现实就是儒家所说之命,如果知命则能够降低人不得其死的可能,反之则是提高桎梏而死的概率。如果因为遭受不公对待,而生怨恨之心,从而变成恶人,那就是以恶制恶了。今之学人多不能认识到这一点,所以并不能够真正亲近儒学,从而去切实用功,所以也体会不到儒学所说的君子、圣人境界。

第三,很多人都将儒学理解为乡愿之学,而这恰恰是孔子批判得最厉害的。他说:"过我门而不入我室,我不憾焉者,其惟乡原乎!乡原,德之贼也。"(《孟子·尽心下》)到底什么是乡愿?孟子对此进行了非常具体的阐释:"言不顾行,行不顾言,则曰'古之人,古之人……'阉然媚于世也者,是乡原也……非之无举也,刺之无刺也。同乎流俗,合乎污世。居之似忠信,行之似廉洁。众皆悦之,自以为是,而不可与入尧舜之道,故曰'德之贼'也。"(《孟子·尽心下》)曲意逢迎、讨好世人的好好先生,就是乡愿,这样的人会戕害道德,所以孔子非常讨厌乡愿。他说:"恶似而非者,恶莠,恐其乱苗也;恶佞,恐其乱义也;恶利口,恐其乱信也;恶郑声,恐其乱乐也;恶紫,恐其乱朱也;恶乡原,恐其乱德也。"(《孟子·尽心下》)因此,孔子才强调"以直报怨,以德报德"(《论语·宪问》)。所谓"直"就是如"好好色",如"恶恶臭",你欺我,我不乐意,自然不与你为伍。最直接的一个例子便是有一个孔子非常讨厌的人拜访他,孔子直接让人转告说自己不在家,转身又敲锣打鼓,以示别人即便在家也不见他,这就是"惟仁者能好人,能恶人"的体现,是如好好色，如恶恶臭的知行合一的表现。又比如交友，如果明知对方骗了你，你为何还要继续受他骗呢？远离他啊！当然如果我们有足够的智慧的话，可以去改变他，这就是孔子所说的"己欲立而立人，己欲达而达人"，但这需要仁爱、智慧、勇气才能做到。如果我们还没有足够改变他人的智慧的话，最简单的办法，就是远离。不然的话，总有一天自己会"近墨者黑"。当然，时时刻刻要注意反求诸己，要看自己有没有过错。没错的话问心无愧，有的话一定要改。颜回不贰过，说起来简单，做起来多难，这些都是圣学功夫，是需要日新日进之功夫的。

第四，认为儒学空谈道德，甚至培养了很多伪君子。而实际上儒学是安身立命之学，要求每个人行有不得，反求诸己，故而能够尽人之性后尽物之性，最后"致中和，天地位，万物育"。儒学所提倡的道德首先是要求人能够在其位，谋其政，从而区别于禽兽草木。在此基础之上，再追求一种人格境界，而不是用来绑架他人的条条框框，更不是鲁迅所批判的吃人礼教，那都不是儒学的真义。很多人都认为修身养性是与个人平时具体的为人处世相分离的。我记得在世界哲学大会的某个会场里，有一位老师说："最近几年阳明心学大热，这是很成问题的，不可否认，阳明心学是好，但那只能是闲暇时作为个人修身养性学学，不能都去学那个，不是有一句话叫'平时袖手谈心性，临危一死报君王'吗？那不行！"世人也多以此来质疑和批判儒学，特别是心学。这样的看法古来就有。据《传习录》载：有一位下属官员长期听王阳明讲学，说："这学说非常好，只是平日簿书讼狱事务繁杂困难，没有办法学习。"王阳明听后说："我何曾教你离开簿书讼狱凭空去学习？你既然有官司事务，就从官司事务上学习，这才是真正的格物致知。例如审理案件，不能因人应对无理，起了怒心；不能因人言辞圆滑，起了喜心；不能厌恶他的嘱托，加倍惩罚；不能因人请求，就勉强答应他；不能因为自己事务繁杂冗多，就随意断案；不能因旁人诋毁罗织罪名，就随着他们的意思断案。这些情况都是私欲的表现，只有你自己知道，必须精细地省察克制，唯恐心中有一点偏倚，错判是非，这就是格物致知。簿书讼狱的事务之间，都是实在学问。如果离开具体事物学习，却是落空了。"王阳明从来没有教学生脱离具体事情空谈心性，恰恰相反，他一直强调要在事上磨炼心性，使得心灵纯粹有力量，否则一遇事就会倾倒。王阳明弟子陆澄在鸿胪寺暂住，某天突然收到家信，说他的儿子病危。陆澄"甚忧闷不能堪"，于是王阳明对他说："这时正适合用功。如果错过这个机会，平时讲学有什么用呢？人是要在这种时候磨炼自己。"亚里士多德在《尼各马可伦理学》中也持这样的观点："有的人成为公正的人，有的人成为不公正的人。正是由于在危境中的行为的不同和所形成的习惯不同，有的人成为勇敢的人，有的人成为懦夫。欲望和怒气也是这样。正是由于在具体情境中以这种那种方式行动，有的人变得节制而温和，有的人变得放纵而愠恼。简言之，一个人的实现活动怎么样，他的品质也就这样。所以，我们应当重视实现活动的性质。"[1]可见，儒学一直强调在人伦日用之间来修身养性，而非空谈道德；我们通过做公正的事情而成为公正的人，通过节制而成为节制的人，通过做事勇敢成为勇敢的人。王阳明所

---

[1] 亚里士多德. 尼各马可伦理学［M］. 廖申白, 译注. 北京：商务印书馆, 2017: 38.

有功夫都是教人为人处世要纯粹，不夹杂私念，这不是空谈心性，而是要在事上磨，事上磨的不是事，而是心，所以叫惟精惟一。此心越纯乎天理，越纯粹，越能更好地应对所有的事情，即所谓内圣外王，这也是需要日新功夫的。

三、君子作为人的一种道德境界

冯友兰先生认为，按照中国的传统，哲学的任务不是增加关于实际的积极的知识，而是提高人的精神境界。他在《新原人》一书中说过：人之所以异于禽兽草木，在于人做某事时，他了解自己在做什么，并且自觉地在做。正是这种自我觉解，使得他正在做的事对他有了意义。他所做的各种事情，有各种意义，各种意义合成一个整体，就构成他的人生境界。不同的人可能做相同的事，但是个人的觉解程度不同，所做的事情对于他也就各有不同的意义。每个人都有自己的人生境界，与其他任何个人的都不完全相同。冯友兰先生将各种不同的人生境界划分为四种，由低到高分别是自然境界、功利境界、道德境界和天地境界。① 而据《孔子家语·五仪解》，孔子则认为"人有五仪"：五种道德境界，由低到高分别是庸人、士人、君子、贤人、圣人。因此君子并不是身份的表征，而是一种人生境界的表征，不管是什么人，都有可能成为君子，这取决于其对自己为人处世的觉解程度。而每个人能否用日新功夫则决定了其最终所能达到的道德境界。

孔子说如果一个人心里没有行事谨慎并且始终如一的原则，

---

① 冯友兰. 新原人[M]. 北京：北京大学出版社，2014.

他从没有说出过任何可以奉为法则的言语，既不选择贤人作为自己的依靠，也不努力行动以找到自己的归宿；对小事明白而对于大事却很糊涂，不知道自己究竟该做什么；他盲目地跟随外物，随波逐流，不知道自己所需要坚守的是什么。这样的人就是所谓庸人。如果一个人的内心非常安定，制订出的计划都会坚持执行；即使不能够具备各种各样的美德，但是对这些美德有所执守；也许他们的知识没有多么广博，但是他们明白这些知识所蕴含的道理；他们也许言语不多，但是知道自己所说的是否有理有据；他们所做的事情不在于多少，但是能够知道所做之事是否遵循事理；富贵不会使他增加什么东西，贫贱也不会使他减少什么东西。这样的人就是所谓士人。所谓君子是指说话必定恪守忠信，而心里没有怨咎；自己能够做到仁义，但是却没有炫耀的神色；思考问题通达明智，但是言辞并不专横；坚定地践行自己所信奉的道义，自强不息；他们是如此从容自若，好像很快就要被超越了，但是最终还是没有谁可以赶得上。这样的人就是君子。所谓贤人是指他的德行不会超越一定的范围，行为中规中矩，符合法度；他的言语足以为天下人所效法却不会招致灾祸，他的主张足以化于百姓而不会伤害人们的本性；如果他富有了，那么天下人都不需要再积累财富，他广施恩泽，天下的人就不会再担忧贫困之苦了。所谓圣人是指他的德行与天地之道齐同，他的行为干练通达以至于变化无常；他能够探究出事物发展的规律，顺应万物之本性，广布其大道而成就万物的性情；他的光辉与日月等齐，化成天下犹如神明；天下的百姓不知道他的德行究竟有多么崇高，即使见到他的人也不知道圣人就在自己身边。这样的人就是圣人。① 此五种境界体现了做人道德之高低，而会成为五种境界的哪一种，完全取决于自己的追求以及用功程度。孔子认为，成为境界高的人，只需要在人伦日用之间对自己的行为有高度的觉解就可以，并不需要做什么惊天地、泣鬼神的事情。

而成为君子的前提是成为人，因此本书的前半部分一直在强调人必须要立"免于寄生的道德"和"免于侵犯的道德"，强调必须存养扩充人之仁心，强调人要在人伦关系之中践行人之仁心，如此才能确保人成为真正的人。然后在此基础之上，才是对君子境界的追求。孔子说："圣人，吾不得而见之矣；得见君子者，斯可矣。"（《论语·述而》）取法乎上，仅得其中，有求为圣人之志，才有可能成为君子。"西哲有言，'人各立于自所欲立之地'，吉田松阴曰，'士生今日，欲为蒲柳，斯蒲柳矣。欲为松柏，斯松柏矣'；吾以为欲为松柏者，果能为松柏与否，吾不敢言；若夫欲为蒲柳者，而能进于松柏，吾未之闻也。"② 梁启超先生认为想成为松柏的人，能否成为松柏，他不敢确认，但是一心想要成为蒲柳的人，却最终成为松柏，他从来没有听说过。同理，有追求成为君子的心，不一定能够成为君子，但是没有追求成为君子的心，一定不会成为君子。成为真正的君子，必须要亲亲、自知、自爱、自信，只有日新功夫才能实现。

---

① 孔子. 孔子家语 [M]. 王盛元, 译注. 上海：上海三联书店, 2012：66-72.

② 梁启超. 新民说 [M]. 北京：商务印书馆, 2016：137.

第七篇　君子务本：亲亲为大

仁者，人也，亲亲为大。——《中庸》

君子不以天下俭其亲。——《孟子》

有子曰："其为人也孝弟，而好犯上者，鲜矣！不好犯上，而好作乱者，未之有也。君子务本，本立而道生。孝弟也者，其为仁之本与！"——《论语》

行仁自孝弟始。孝弟是仁之一事，谓之行仁之本则可，谓是仁之本则不可。——程颢

一、 孝悌，为仁之本

据史料记载，管仲病重之时，齐桓公去看望他，问他还有什么要教给自己的，管仲让齐桓公一定不能重用易牙、卫公子开方、竖刁这三个人。管仲进一步解释："易牙为了满足大王您的要求不惜烹了自己的儿子以讨好大王您，没有人性，不宜为相。卫公子开方舍弃了做千乘之国太子的机会，屈奉于国君十五年，父亲去世都不回去奔丧，如此无情无义、没有父子情义的人，如何能真心忠于国君？况且千乘之封地是人梦寐以求的，他放弃千乘之封地，俯就于国君，他心中所求的必定过于千乘之封。国君

应疏远这种人，更不能任其为相了。至于竖刁，他自残身肢来侍奉大王您，他连自己的身体都不爱惜，这是违反人情的，这样的人又怎么能真心忠于您呢？请国君务必疏远这三个人，宠信他们，国家必乱。"管仲病逝之后，齐桓公并没有听管仲临终前的忠言，重用了易牙等三人。二年后，齐桓公病重。易牙、竖刁见齐桓公已不久于人世，就开始堵塞宫门，假传君命，不许任何人进去，不给齐桓公食物和水。桓公痛心，仰天长叹，懊悔地说："我有什么面目去见仲父？"说罢，用衣袖遮住脸，活活饿死了。桓公死后，宫中大乱，齐桓公的几个儿子为争夺王位各自勾结党羽，互相残杀，致使齐桓公的尸体停放在床上六七十天无人收殓，尸体腐烂生蛆，惨不忍睹。这个故事的意义非常深刻，除了劝诫君主要亲贤臣、远佞臣之外，还告诉人们如何来判断一个人是不是小人，值不值得信赖，以及如何才能避免让自己成为小人。同时更是揭示了圣人为何强调"仁者，人也，亲亲为大""君子务本，本立而道生。孝悌也者，其为仁之本与"的根本原因。《孝经》："资于事父以事母，而爱同；资于事父以事君，而敬同。故母取其爱，而君取其敬，兼之者父也。故以孝事君则忠，以敬事长则顺。忠顺不失，以事其上，然后能保其禄位，而守其祭祀。盖士之孝也。"事父不能孝，事母不能爱，事长不能顺，则事君必不能敬，不孝不敬，乃一以贯之之道，作伪不得。

弟子陆澄问阳明："程子云'仁者以天地万物为一体'，何墨氏'兼爱'，反不得谓之仁？"阳明答："此亦甚难言，须是诸君自体认出来始得。仁是造化生生不息之理，虽弥漫周遍，无处不是，然其流行发生，亦只有个渐，所以生生不息。如冬至一阳生，必自一阳生，而后渐渐至于六阳，若无一阳之生，岂有六阳? 阴亦然。惟其渐,所以便有个发端处。惟其有个发端处,所以生;惟其生,所以不息。譬之本,其始抽芽,便是木之生意发端处;抽芽然后发干,发干然后生枝生叶,然后是生生不息。若无芽,何以有干有枝叶? 能抽芽,必是下面有个根在。有根方生,无根便死,无根何从抽芽? 父子兄弟之爱,便是人心生意发端处,如木之抽芽。自此而仁民,而爱物,便是发干生枝生叶。墨氏兼爱无差等,将自家父子兄弟与途人一般看,便自没了发端处。不抽芽便知得他无根,便不是生生不息,安得谓之仁? 孝弟为仁之本,却是仁理从里面发生出来。"[1] 既然说"仁者以天地万物为一体",为什么墨子强调兼爱,反而被称为"不仁"呢? 王阳明说这个道理很难讲明,必须由学生自己亲自体认才能真正明白。比如说树木,开始抽出嫩芽的时候,就是树的生长的开端。抽芽然后长出树干,长出树干然后长出枝叶,然后才是生生不息。墨子的兼爱没有区别,是将自家的父子兄弟与路人一样看待,就失去了发端。孝悌之心是为仁的根本,仁是从孝悌之心里面生发出来的。因此阳明强调爱的差等次序,强调爱的发端,便是切断伪善之恶。"仁"需从"亲亲"生发出来,由此及彼,由近及远,由亲及疏,就好比先有树根才有树干,最后有枝叶,墨学的兼爱就是消灭了爱的差等次序,所以孟子批评其学说"无父无君",等同于禽兽。而易牙、卫公子开方、竖刁此三人,连本应最该厚待的父母、自己都薄待了,又怎么可能真心实意侍奉辅佐君主呢? 就好比将树木的根彻底拔除之后,枝叶怎么可能会生

---

[1] 王阳明. 王阳明全集 [M]. 吴光,钱明,等编校. 上海:上海古籍出版社,2011:29-30.

长出来呢？此正是"于其所厚者薄，则无所不薄"的最深刻含义。

所以当学生问"大人与物同体，如何《大学》又说个厚薄"时，王阳明答："惟是道理，自有厚薄。比如身是一体，把手足捍头目，岂是偏要薄手足，其道理合如此。禽兽与草木同是爱的，把草木去养禽兽，心又忍得？人与禽兽同是爱的，宰禽兽以养亲与供祭祀，燕宾客，心又忍得？至亲与路人同是爱的，如箪食豆羹，得则生，不得则死，不能两全，宁救至亲，不救路人，心又忍得？这是道理合该如此。及至吾身与至亲，更不得分别彼此厚薄。盖以仁民爱物，皆从此出；此处可忍，更无所不忍矣。《大学》所谓厚薄，是良知上自然的条理，不可逾越，此便谓之义；顺这个条理，便谓之礼；知此条理，便谓之智；终始是这个条理，便谓之信。"①王阳明为了让学生更好地理解《大学》中"厚薄"的道理而打了一个比喻。他说，大道本身就体现了厚薄之理。比如人的身体是一个整体，用手脚保护头和眼睛，难道是要故意亏待手脚吗？这是大道之理本当如此。《大学》所谓的厚薄，是良知上自然的条理，不能逾越，这就称之为义。故孟子说："君子之于物也，爱之而弗仁；于民也，仁之而弗亲。亲亲而仁民，仁民而爱物。"（《孟子·尽心上》）亲亲、仁民、爱物，由亲到疏，由近及远，由厚渐薄，此是良知自然如此。然亲亲，仁也，此乃为人之本，万理皆从此出，此处可忍，无所不忍。厚薄是良知上自然的条理，不可逾越，而易牙、卫公子开方、竖刁

---

① 王阳明. 王阳明全集[M]. 吴光，钱明，等编校. 上海：上海古籍出版社，2011：122-123.

三人所作所为逾越了良知之条理，违背了人性，所以不当理。管仲认识到这一点，于是提醒齐桓公，但齐桓公的心已被蒙蔽，最后导致了悲剧。和五霸攻打夷狄、尊崇周王室，都是为了一个私心一样，易牙、卫公子开方、竖刁所做之事看似对齐桓公忠心耿耿，但同样只是为了自己的私心。

二、大孝，终身慕父母

《孟子·万章上》记载："父母使舜完廪，捐阶，瞽瞍焚廪。使浚井，出，从而掩之。象曰：'谟盖都君咸我绩，牛羊父母，仓廪父母，干戈朕，琴朕，弤朕，二嫂使治朕栖。'"舜的家人以杀他为业，在谋杀他之后，还要商量如何分赃，这样的一幕无论发生在什么时期，都显得特别荒唐且让人心痛。对于这样的家人，舜非但没有以牙还牙，以血还血，反而更加孝顺父母和亲爱弟弟。他更是因为没有得到家人的爱而"号泣于旻天"。万章很不理解地问孟子："父母爱之，喜而不忘；父母恶之，劳而不怨。然则舜怨乎？"孟子在《告子下》里和公孙丑探讨《小弁》与《凯风》的时候，回答了舜为什么会"怨慕"。孟子举例子：如果有个人，越国人张弓要射他，那他说起这件事的时候就会谈笑自如，这没别的原因，只是因为和越国人的关系疏远。如果是他的哥哥张弓要射他，他说起这件事来会低头哭泣，这没有别的原因，只是因为和哥哥的关系亲近。而亲近亲人，这是仁的表现。公孙丑又问："《凯风》为什么没有怨恨之情呢？"孟子说："《凯风》是因为亲人的过错小，《小弁》是因为亲人的过错大。父母亲的过错大却不怨恨，那是因为感情疏远；父母亲的过错小却怨恨，这是不该有的激怒。更加疏远，这是不孝，不该有的激怒，也是不孝。"舜的父母要杀他，这样的过错大如天，所以舜会怨（感情亲密才会怨），但是怨并没有使得他进一步疏远父母，反而更加亲近父母，希望能够得到父母的爱，然而父母并没有如他所愿，所以才会"号泣于旻天"。

当时，舜已经拥有了天下人都渴求的东西。"帝使其子九男二女，百官牛羊仓廪备，以事舜于畎亩之中。天下之士多就之者，帝将胥天下而迁之焉。为不顺于父母，如穷人无所归。"然而"天下之士悦之""妻帝之二女""富有天下""贵为天子"，此乃天下人之所欲，皆不足以解其忧，唯有顺于父母，才可以解其忧。因此公明高才赞叹道："人少，则慕父母；知好色，则慕少艾；有妻子，则慕妻子；仕则慕君，不得于君则热中。大孝终身慕父母。五十而慕者，予于大舜见之矣。"（《孟子·万章上》）这就是舜之于普通人不一样的地方，也是舜之所以被誉为圣人的关键原因。第一，他不因父母的不好而怨恨疏远他们，更没有以牙还牙，以血还血；第二，他不因自己拥有了权钱色而改变对父母（要杀他的父母）的爱；第三，他也没有随着年纪的增大而减少对父母的爱。这就是纯乎天理之心的表现，是率性的表现，此性始终不为外物所移，故能一直孝顺父母，亲爱兄弟。

与舜"大孝终身慕父母"形成鲜明对比的是，近些年来啃老虐老事件层出不穷。不久前还曝出八十岁老母亲被女儿遗弃、女儿因为父母无力支持买车买房而咒骂父母，以及因为向母亲讨钱遭拒而对母亲痛下杀手等类似的新闻。不是所有的人都会当父母，但是所有的人都会有父母。鸦有反哺之义，羊知跪乳之恩，难道作为万物之灵的人不应该为自己这样的行径而感到羞耻吗？

动物的童年期非常短暂，越是低级的动物其童年期越短，所以自其出生就几乎完全具备了一生所需的本领，其生存对于他者的依赖性并不强，只要凭借本能就可以生存和繁衍，并且在其一生都不会有很大的改变。但是人不一样，人经过婴儿期、儿童期、少年期，最后才成人。人最终需要从依赖父母走向独立，需要从家庭走向社会，需要从以享受为主走向以承担责任为主。在这之前，需要父母花费大量的心血，所以在成人以后，赡养自己的父母、善待自己的父母是一件天然的事情。《诗经·蓼莪》："父兮生我，母兮鞠我，拊我畜我，长我育我，顾我复我，出入腹我。欲报之德，昊天罔极。"《论语·阳货》："子生三年，然后免于父母之怀。"《中庸》："子曰：仁者，人也，亲亲为大。""孝"是一种从人类的天性中所产生的至高无上的情感，它是人类的神圣血缘关系的必然结果。如果人对于这种与生俱来的情感都能够丢弃，我们真的无法想象这世间是否还会有一点点对他人的温情。《孝经》第一章开宗明义就是孔子之言："夫孝，德之本也，教之所由生也……身体发肤，受之父母，不敢毁伤，孝之始也。立身行道，扬名于后世，以显父母，孝之终也。夫孝，始于事亲，中于事君，终于立身。大雅云：'无念尔祖，聿修厥德。'"《尚书》有言："立爱惟亲，立敬惟长，始于家邦，终于四海。"要树立爱敬之道，必得从亲亲开始，如此才可使仁爱终于四海。

三、永言孝思，孝思维则

孔子赞美伯夷、叔齐，反对卫辄拒父①的做法，那是因为父子之爱本于天性，这种天性都能够为外物所移的话，那么就没有什么是不能为外物所移的了，如此，则会天下大乱，反之，则会天下大治。这也是孔子强调正名的根本原因。假如卫辄和舜一样都知道没有父亲就不能为人，那么他必然会痛哭奔走，去迎接他的父亲蒯聩。卫辄能够真切地悔悟改过，蒯聩又怎么会不感动呢？蒯聩归国之后，卫辄将国家还给他，自己请罪。而蒯聩已被儿子感动，又怎么肯接受呢？于是仍让卫辄做国君。群臣百姓也一定支持卫辄继续做国君。卫辄主动去承认自己的罪过，请示天子，告知诸侯，一定要将国家交给父亲治理。而蒯聩与群臣百姓，也都表彰卫辄的仁德孝道，请示天子、告知诸侯，一定要让卫辄出任国君。于是大家要求卫辄重新出任国君，卫辄不得已，于是就像后世上皇的例子那样，率领群臣百姓推崇蒯聩为太公，使他资物充备，得到供养，这才恢复自己的君位。于是君是君，臣是臣，父是父，子是子，名正言顺，这一举动就可以使天下归正了。②《尚书·大禹谟》记载舜"祗载见瞽瞍，夔夔斋栗，瞽瞍

---

① 卫辄是卫灵公之孙，太子蒯聩之子。太子蒯聩得罪了卫灵公的夫人南子，逃到晋国。灵公死，立辄为君。晋国的赵简子又把蒯聩送回国，借以侵略卫国。卫国抵御晋兵，自然也拒绝了蒯聩的回国。蒯聩和辄是父子，父子俩争夺卫君的位置，和伯夷、叔齐两兄弟的互相退让，终于都抛弃君位相比，成一鲜明对比，孔子赞美伯夷、叔齐，不赞成卫辄的做法。

② 王阳明. 传习录集评［M］. 梁启超点校. 北京：九州出版社，2015：40.

亦允若"。意思是说，舜恭恭敬敬地去见父亲瞽瞍，诚惶诚恐，父亲终于信任顺从了他。孟子曰："不得乎亲，不可以为人；不顺乎亲，不可以为子。舜尽事亲之道而瞽瞍厎豫（达到快乐），瞽瞍厎豫而天下化，瞽瞍厎豫而天下之为父子者定，此之谓大孝。"（《孟子·离娄上》）

《诗》曰"永言孝思，孝思维则"，正是此意。舜正是以孝悌而为天下正名的真实例子。孔子说："舜其至孝矣，五十而慕。"舜将自己对父亲的真诚恻隐推致天下，因此成为圣人。孟子曰："于不可已而已者，无所不已。于所厚者薄，无所不薄也。其进锐者，其退速。"（《孟子·尽心上》）所以当别人批评他为母亲做的棺材的材料太过华美的时候，他说："君子不以天下俭其亲。"一个人如果连自己的亲人都不能够尽心，他又如何去尽心以待他人。亲亲，仁之始，所以天下的事虽然千变万化到无法穷尽的地步，但只要用对待父母真诚恻隐的良知去应对，也就不会有什么遗漏缺失的了，这正是只有一个良知的缘故。侍奉父母、尊敬兄长的良知以外，没有别的良知可以实现。因此说："尧舜之道，孝悌而已。"这就是"惟精惟一"的学问，放之四海皆准，在世世代代推行都行得通。

"孝弟也者，其为仁之本与"，这是在人的良知（仁爱之心）最为真切醇厚不容蒙蔽的地方提醒人。良知只是一个天理，良知自然明白呈现不为私欲所遮蔽就是真诚恻隐，这是它的本体。舜就是能够完他本体，不为外物所移而能够率性尽性的人，是能够致良知、知行合一的人。用致良知的真诚恻隐去侍奉父母就是孝，尊敬兄长就是悌，辅佐君主就是忠，交朋友便是仁与信，这一切都只是一个良知，一个真诚恻隐。如果连侍奉双亲的良知都不能够真诚恻隐,那么所谓的尊敬兄长、辅佐君主的良知也不可能实现。所以仁民爱物的良知必须从侍奉父母的良知上去扩充。亲亲,仁也,孝悌,其为人之本也。良知只有一个,随着它的发挥和呈现,自然完备充足,无来无去,不需要向外假借。但是它发挥和呈现的地方,却有轻重厚薄的区别,丝毫不能增加减少,这就是所谓的天然自有之中。虽然轻重厚薄丝毫不能减少增加,但良知原本只有一个。虽然良知只是一个,但其中的轻重厚薄又丝毫不能增加减少。如果能够增减,如果必须向外探求,那就不是真诚恻隐的本体了。

四、 子从父命, 孝乎

孔子说:"夫孝,天之经也,地之义也,民之行也。天地之经,而民是则之。则天之明,因地之利,以顺天下。"(《孝经》)无论什么时候,孝顺父母都是天经地义的事情,但是到底什么是孝,如何尽孝,却需因时因地因人而变,如果不懂得变通,可能会落入愚孝的境地。据《孔子家语》载,曾参在瓜地里除草,不小心错把瓜苗的根斩断了。他的父亲曾皙很生气,就拿起大棍子打他的背。曾参倒在地上,不省人事。过了好长时间他才苏醒过来,于是他很高兴地爬起来,上前对曾皙说:"刚才得罪了父亲大人,父亲大人用力教训我,没有伤着吧?"然后退回房中,弹琴唱歌,想让曾皙听见,知道他身体安然无恙。孔子听说之后很是生气,告诉他的门人弟子说:"曾参来了,不要让他进来。"曾参自认为没有错,托人询问孔子。孔子说:"汝不闻乎?昔瞽瞍有子曰舜,舜之事瞽瞍,欲使之,未尝不在于侧,索而杀之,未尝可得。小棰则待过，大杖则逃走，故瞽瞍不犯不父之罪，而舜不失烝烝之孝。今参事父，委身以待暴怒，殪而不避，既身死而陷父于不义，其不孝孰大焉？汝非天子之民也，杀天子之民，其罪奚若？"①曾参意识到自己的错误，去向孔子谢罪。

那么到底什么是孝顺呢？子贡问孔子："子从父命，孝；臣从君命，贞矣，奚疑焉？"孔子曰："鄙哉赐！汝不识也。昔者明王万乘之国，有争臣七人，则主无过举；千乘之国，有争臣五人，则社稷不危也；百乘之家，有争臣三人，则禄位不替。父有争子，不陷无礼；士有争友，不行不义。故子从父命，奚讵为孝？臣从君命，奚讵为贞？夫能审其所从，之谓孝、之谓贞矣。"②孔子认为只是愚昧地听从父亲的命令，并不是真正的孝顺；同理，臣下盲目听从国君的命令，也不是真正的忠君。每个人能够认真思考自己应该顺从什么，才是真正的孝顺，才是真正的忠贞。据《孝经》载，曾子问孔子："若夫慈爱恭敬，安亲扬名，则闻命矣。敢问子从父之令，可谓孝乎？"子曰："……故当不义，则子不可以不争于父，臣不可以不争于君；故当不义，则争之，从父之令，又焉得为孝乎！"如果父亲有儿子的劝谏，就不会陷入不守礼的境地；君主有能言敢谏的诤臣，就不会有什么错误的行为；士有敢谏的朋友，就不会做不合道义的事情。有一个朋友的父母是个体经营者，他们曾经把香烟拆散了卖给未成年学生，对于这件事，朋友专门和他的父母说这是违法的，当时他

---

① 孔子. 孔子家语［M］. 王盛元，译注. 上海：上海三联书店，2012：178.
② 孔子. 孔子家语［M］. 王盛元，译注. 上海：上海三联书店，2012：121.

父母的回应是:"我们不卖,别人也会卖,这不是傻吗?"然后朋友对父母说:"是的,没错,可是别人卖是别人的事情,只要我们知道那是不合道义的事情,那就不能干,就好比别人都去杀人放火,难道我们也去杀人放火吗?"于是从那之后,朋友的父母再也没有卖香烟给未成年学生。朋友冲撞父母,看似不孝,但是却能够让自己的父母免于不义,此乃真孝,大孝!

第八篇　君子自知

　　子路入，子曰："由，知者若何？仁者若何？"子路对曰："知者使人知己，仁者使人爱己。"子曰："可谓士矣。"
　　子贡入，子曰："赐，知者若何？仁者若何？"子贡对曰："知者知人，仁者爱人。"子曰："可谓士君子矣。"
　　颜渊入，子曰："回，知者若何？仁者若何？"颜渊对曰："知者自知，仁者自爱。"子曰："可谓明君子矣。"
　　　　　　　　　　　　　　　　　　——《荀子·子道》

　　苏格拉底说"知识即美德"，一切罪恶都来源于人的愚昧无知。比如武汉面馆砍头事件，如果面馆老板知道自己会因为一块钱而丧命，哪怕再给他一个亿，他也不会选择和顾客起冲突。而顾客若知道杀人最终会让自己的家庭陷入绝境，他也必定不会一怒之下而砍人头。又如辱母杀人案，如果杜志浩知道自己会被杀，他必然不会为了钱而辱人。而苏银霞，如果能预知自己会因为高利贷而被辱，自己的儿子于欢会因救她而杀人以致锒铛入狱，也许她宁愿穷困一辈子都不会选择去借高利贷。所以很多时候，人的价值选择并不能够简单归结为品德问题，而应该是"知"的问题。但这个"知"，到底"知"的是什么？是"杀人要偿命"的"知"吗？是"违法乱纪要入狱"的"知"吗？是"对人要'仁义礼智信'"的"知"吗？这样的"知"可谓是常识，无人不知，无人不晓。那为什么奸杀抢夺、杀母弑父等惨绝人寰事件依然发生？王阳明说"知而不行，只是未知""知之真切笃实处即是行，行之明觉精察处即是知"。到底什么样的"知"才是"真知"？到底什么样的"知"才能够避免悲剧而保障人无论在什么样的情境下都能做出恰当的价值选择（知行合一）？到底什么样的"知"才是人类最应该了解的？

一、 知命

关于知命，前文已有论述，人一生所遇之事，所遇之人，均不能完全由自己控制，这是命的体现之一。而生而为人则是最根本的天命，因此，人人要做人应当做的事情，这是知命的体现之一。除此之外，还有几点也是我们一出生就被决定的。比如我希望自己是男儿，但却是女儿；我希望拥有沉鱼落雁、闭月羞花之貌，但老天却连白一点的肌肤都对我吝啬；我希望自己出生在比尔·盖茨家，哪怕是稍微富裕一点的家庭也是好的，但事实是，我在一个落后的小山村里长大。① 所以，人一定是不能够完全自主选择的，至少以上几点——性别、外貌、身世，和人的自由意志一点关系也没有，这就是天命，不可改变。能够认识到这一点，便是知命，也是人尽性的第一步。如舜接受自己父顽母劣弟不悌，闻一善言、见一善行，若决江河，沛然莫之能御，是为圣人。又如孔老夫子周游列国，大道不行，未若舜得天下，穷斯不滥，是为圣人。所以"知天命"的含义之一在于知道自己的位——由天命决定的位，然后能够素其位而行——素富贵行乎富

---

① 以上例子只是方便论证观点。

贵，素贫贱行乎贫贱，素患难行乎患难，素夷狄行乎夷狄。若人人能够修身以俟命，必定能够天地位，万物育。好比我是女儿身，就要思考女儿该做什么，而不是抱怨上天为什么不让自己成为男儿；我没有沉鱼落雁、羞花闭月之美貌，社会认为"一白遮百丑"，以"白"为美，这只是社会的标准（其他的标准也一样），我应该思考自己的美怎么从自身生长出来；我的家庭不富裕，可是却有一个无话不谈的知心爸爸，有呵护我的家人，我需要思考的是怎么通过自己的努力让家里越来越好。故知命一定不是消极的宿命论，消极地听天由命，而是正视自己的天命，穷则独善其身（君子固穷，小人穷斯滥矣），达则兼济天下，有所不为和有所为。

《中庸》第一句"天命之谓性"，朱熹注："性，即理也。天以阴阳五行化生万物。气以成形，而理亦赋焉，犹命令也。于是人物之生，因各得其所赋之理。以为健顺五常之德，所谓性也。"[1] 天地化生万物的时候，就已经赋予万物以理，即人有人之性，则有人之理；禽兽有禽兽之性，则有禽兽之理；草木有草木之性，则有草木之理等。如果是雄鹰，可以翱翔天际；如果是骏马，可以在草原上驰骋；如果是鱼儿，便可以在水里畅游；如果是花，则可以有一季的灿烂；如果是树，则有四季不同的风采；如果是草，则有超凡的生命力。这些都是性的体现，得其性如鱼得水，必怡然自得，这是理的体现。可是为什么雄鹰就可以在天上翱翔呢？为什么马儿就能驰骋草原呢？为什么鱼儿一离开水就没办法存活了呢？为什么花儿只是一季的绚烂呢？为什么树就可

---

[1] 朱熹. 四书章句集注 [M]. 北京：中华书局，2015：19.

以挺拔，草则只能自己顽强地生长呢？或许科学可以解释，是它们自身的结构使然。但问题是，为什么它们生来就是那样的结构而非其他的结构呢？天地不言，四时行，百物生。朱熹认为："天以阴阳五行化生万物，气以成形，而理亦赋焉，犹命令也。"也就是说天地孕育万物的时候，就已经决定了它们的性，有这样的性便有相应的理，理顺性而显，万物之性乃天之命，一旦下达，不可违背，一旦违背，便桎梏而死。圣人所谓知天命是指圣人知道雄鹰就应该在天上翱翔，必不会将其关进笼子里；知道马儿应该在草原上驰骋，必不会要求其翱翔天际；知道鱼儿需要水，便不会让其离开水；知道人要修身为善，便不会肆意为非为恶。这就是圣人知命尽性的体现。

"性善论"由孟子提出，大多数人会从人性本善或人性向善的角度来理解"性善论"，正是因为这样的理解，孟子遭到不少质疑甚至攻击，因为现实有太多的恶。

不能简单地理解性善论，因为其蕴含的内容非常丰富和深刻。第一，《六祖坛经》说："何期自性本自清净，何期自性本不生灭，何期自性本自具足，何期自性本无动摇，何期自性能生万法。"能生万法便是一种性善的体现，禽兽草木生不出任何的法来，哪怕是恶法，也无能为力，但人性可以。如梁漱溟先生所言，人对自己有办法，禽兽草木对自己没办法，这是人性善的体现之一。第二，人性具有灵活性和未完成性，所谓"放下屠刀，立地成佛"是一种体现，象和瞽瞍为舜所感化是史实，现实中也有不少弃恶从善之人，这是从人的德行而言，从人的知识与能力的生长而言，也是一种体现，所以对于人需要持一种乐观向上的心态。道德何以可能以及何以必要，对于"灵活性和未完成性"

这一点的认识很重要，这是人性善的体现之二。第三，最根本的人性善，我认为应该从人作为人要为善（合乎道）的角度来理解，也就是说从尽性应然的角度来理解人性善。《中庸》说："道也者，不可须臾离也，可离非道也。"人为恶即离道，就好比鱼儿离开水一般，是会自取灭亡的。圣人所谓知天命，含义之一在于深刻理解这一点。所以孟子说："莫非命也，顺受其正。是故知命者，不立乎岩墙之下。尽其道而死者，正命也；桎梏死者，非正命也。"（《孟子·尽心上》）圣人能够永远不立于危墙之下，所以能够顺受其正，尽其道而行，此之谓尽心知命知天。

孟子曾预言盆成括会死于非命，门人觉得很奇怪，如何得知，孟子说："其为人也小有才，未闻君子之大道也，则足以杀其躯而已矣。"（《孟子·尽心下》）孟子为何能够预知盆成括"桎梏而死"，正是因为知命。历史上的桀纣等暴君骄奢淫逸、横征暴敛、纵情声色，最终亡国亡家，将自己送上不归路。贪官污吏运用自己手中的权力搜刮民脂民膏，满足自己耳、口、鼻、四肢的私欲，于是自掘坟墓。吸毒的人放纵自己堕落，自毁一生。包括"武汉砍头案""辱母杀人案"的主角们，都是桎梏而死者，他们为了利、为了欲将自己立于危墙之下。孔子说："里仁为美，择不处仁，焉得知？"（《论语·里仁》）仁是天之尊爵，是"人之安宅"（《孟子·离娄上》），没有人阻挡行仁而不行仁，就是没有智慧的体现。又"仁者安仁，知者利仁"（《论语·里仁》），圣人居仁行义，所以仁且知（智）。

孟子见梁惠王，只谈仁不谈利，也只是因为知命。"万乘之国，弑其君者，必千乘之家；千乘之国，弑其君者，必百乘之家。万取千焉，千取百焉，不为不多矣。苟为后义而先利，不夺不餍。未有仁而遗其亲者也,未有义而后其君者也。"(《孟子·梁惠王上》)如果每个人都在想自己如何才能获得利,那么全国上下都会争相逐利。若世人争相逐利,则必定会弱肉强食,天下大乱也就不远了。"有孺子歌曰:'沧浪之水清兮,可以濯我缨;沧浪之水浊兮,可以濯我足。'孔子曰:'小子听之!清斯濯缨,浊斯濯足矣。自取之也。'夫人必自侮,然后人侮之;家必自毁,而后人毁之;国必自伐,而后人伐之。"(《孟子·离娄上》)这是一个极好的比喻,所谓可怜之人必有可恨之处,正是此意。对于个人而言,要行仁义,对于国家而言,要行仁政,否则就会使得自己和国家立于危墙之下。许多人在悲剧发生之后追悔莫及,然后发出感叹"早知道……",可是人生是没办法重来的,所以才要未雨绸缪。"《诗》云:'迨天之未阴雨,彻彼桑土,绸缪牖户。今此下民,或敢侮予。'孔子曰:'为此诗者,其知道乎!能治其国家,谁敢侮之?'今国家闲暇,及是时,般乐怠敖,是自求祸也。祸福无不自己求之者。《诗》云:'永言配命,自求多福。'《太甲》曰:'天作孽,犹可违;自作孽,不可活。'此之谓也。"(《孟子·公孙丑上》)普通人一般无法对此认识深刻,所以才会"自作孽,不可活",圣人对此认识深刻,所以才教人"知命"。知命,便不会有侥幸心理,没有侥幸心理,便是"不立乎岩墙之下"。"君子有三畏:畏天命,畏大人,畏圣人之言。小人不知天命而不畏也,狎大人,侮圣人之言。"(《论语·季氏》)不知命,不畏命,狎大人,侮圣人之后的后果就是桎梏而死。

二、 知类

有一个同学看到水房里有一个被打碎的暖水瓶,估计肇事者没有处理事故现场就落荒而逃了。于是她就把水瓶碎片打扫了，考虑到碎片有可能会伤害到保洁阿姨，她还对碎片小心翼翼地做了专门处理。她说那两天正好在看道德教育方面的书，正为自己做了一件好事，品德修养有所提高而感到骄傲自豪。可是第二天在水房看到一张严厉要求对水瓶负责的纸条，她感到有些忐忑。她说虽然自己做这个事情并不是为了赢得别人的赞赏，可是也实在不想因为这个事而给自己带来误会和麻烦。因为那天她在收拾的时候，有同学看到了，有人还友好地关心她是否有被烫到。所以她特别担心地说："万一某一个不知情的同学和水瓶的主人说看到我在处理，那误会不就来了吗？毕竟水瓶主人并不知道她的水瓶经历了什么，也不会想到打碎和收拾的有可能是两个人，因为按照一般的逻辑，不是你打碎的，你为什么要处理？"假设这个水瓶的主人很在意自己的水瓶，又是一个火爆脾气，她只听了某个同学的一面之词，就认定是这位同学打碎了水瓶，那么一场激烈的冲突是避免不了的。而这位同学会觉得特别冤枉，心灵可能就受到了伤害，即便不会发誓说再也不做好事了，可能以后做好事的时候都会多迟疑一会。这个是最消极的结果。还有一个是稍微好一点的情况，那就是有另外一个同学作为证人为这位同学消除了误会，指出真正打破水瓶的同学，这位同学虽然也着急上火一阵，但毕竟最终危机解决了。而那个误会的同学肯定会为自己的行为感到特别后悔。所以解决事情的最佳方式是什么呢？

类似的事情发生在孔老夫子和颜回的身上：《吕氏春秋·审分览第五·任数》记载：孔子被困于陈、蔡之间，只能吃野菜，七日没有吃到米饭，白天睡在床上。颜回讨到米回来，在炉灶上煮饭。饭快熟时，孔子望见颜回抓取锅里的饭吃。过了一会，饭熟了，颜回来请孔子吃饭。孔子假装没看见那件事。孔子起来说："刚才梦见去世的父亲了，把饭弄干净了然后去祭拜我的父亲。"颜回回答："不可。刚才烟灰掉到锅中，把饭丢掉不吃不吉利，我就抓出来吃了。"孔子叹曰："所信者目也，而目犹不可信；所恃者心也，而心犹不足恃。弟子记之，知人固不易矣。"颜回是孔子的爱徒，他相信其为人，因此才能够对颜回"攫取其甑中而食之"的行为"佯为不见之"，而后采取非常巧妙的方式了解了真相。都说耳听为虚，眼见为实，可是孔子却通过亲身经历告诉大家，耳听为虚，眼见也不一定为实，因此不要过分依靠眼睛。这也是王阳明强调要修炼一颗纯乎天理之心的原因。首先对于个人而言，纯乎天理之心，可使我们应于万事万物而当理。对于他人而言，纯乎天理之心有助于我们对于别人一些看似不当理的行为反应当理。纯乎天理之心有助于我们把握事物的本质，一旦把握事物的本质，我们就会不拘役于外在的形式，也就不会轻易受到耳目的欺骗。"知人不易"缘何，缘于忘却此心，过分逐外。圣人为什么能够喜怒哀乐之未发，发而皆中节呢？正是因为他们不累于自己的耳目。所以对于每个人而言，如果自己是水瓶的主人，那么应该像孔子一样保持冷静，以免错怪他人而追悔莫及。如果自己是做好事被误会的人，认识到人会累于耳目，那么我们就会坦然一些，只要自己做到问心无愧就好了，然后像颜回一样找个恰当的机会解决误会。不过分专注于耳目，便不会为耳目所累。推致所有的事事物物均是如此。

孟子说："耳目之官不思，而蔽于物。物交物，则引之而已矣。心之官则思，思则得之，不思则不得也。此天之所与我者。先立乎其大者，则其小者不能夺也。此为大人而已矣。"（《孟子·告子上》)耳朵只管听,眼睛只管看,嘴巴只管吃饭和说话,它们都不能思考,容易为外物蒙蔽,一和外物接触,就容易被引向歧途,所以是小体;而"心"会思考,如果用心思考,就可以避免累于耳目,而不思考的话,就会累于耳目,所以是大体。不管是大体还是小体,都是上天的馈赠,如果能够"先立乎其大者,则其小者不能夺"。但在现实生活中,人往往不能够让耳目与心各司其职,故不能"立乎其大",自然极容易为"小者所夺",如水瓶事件所示。又如一个校外的学生被北大的保安拒之门外,于是在朋友圈里吐槽,北大的学生看到之后为母校的保安鸣不平,为此两人在朋友圈里发生了言语争执,因为双方都有过激言论而蔓延到一个北大的读书群里,进而引发骂战。在生活中,因为言语问题而引起的纷争不胜枚举。王阳明说:"言语无序,亦足以见心之不存。"2018年8月,在江苏昆山市震川路,两人因为行路问题引发口角而导致冲突,最后一人暴怒而持刀伤人,结果反被杀。35岁女医生在游泳池被男孩冒犯,要求道歉未果后双方发生肢体冲突,之后男孩家长将剪辑过的视频发布网上,致使女医生不堪网络暴力而自杀。如果世人能够从其大体,不累于耳目的话,这样的悲剧是可以避免的。孔子说:"君子以心导耳目,立义以为勇;小人以耳目导心,不逊以为勇。"(《孔子家语·好生》)

有个叫杨茂的聋哑人拜见王阳明,他们用文字进行交流,内容如下:

你口不能言是非,你耳不能听是非,你心还能知是非否?(答曰:"知是非。")如此,你口虽不如人,你耳虽不如人,你心还与人一般。(茂时首肯拱谢。)大凡人只是此心。此心若能存天理，是个圣贤的心，口虽不能言，耳虽不能听，也是个不能言不能听的圣贤。心若不存天理，是个禽兽的心，口虽能言，耳虽能听，也只是个能言能听的禽兽。（茂时扣胸指天。）你如今于父母，但尽你心的孝；于兄长，但尽你心的敬；于乡党邻里、宗族亲戚，但尽你心的谦和恭顺。见人怠慢，不要嗔怪，见人财利，不要贪图，但在里面行你那是的心，莫行你那非的心。纵使外面人说你是，也不须听；说你不是，也不须听。（茂时首肯拜谢。）你口不能言是非，省了多少闲是非；你耳不能听是非，省了多少闲是非。凡说是非，便生是非，生烦恼；听是非，便添是非，添烦恼。你口不能说，你耳不能听，省了多少闲是非，省了多少闲烦恼，你比别人快活自在了许多。（茂时扣胸指天蹩地。）我如今教你但终日行你的心，不消口里说；但终日听你的心，不消耳里听。（茂时顿首再拜而已。）① 耳能听，口能言，有可能会带来是非；耳不能听，口不能言，心依然知是非。这是要先立乎其大的根本原因，从其大体为大人，此乃知类。

有一群孩子在一位老人家门前嬉闹，叫声连天，几天过去，老人难以忍受。于是，他出来给了每个孩子10美分，对他们说："你们让这儿变得很热闹，我觉得自己年轻了不少，这点钱表示谢意。"孩子们很高兴，第二天仍然来了，一如既往地嬉闹。老人再出来，给了每个孩子5美分。5美分也还可以吧，孩子们仍然兴高采烈地走了。第三天，老人只给了每个孩子2美分，孩子们勃然大怒，"一天才2美分，知不知道我们多辛苦！"他们向老

---

① 王阳明. 王阳明全集［M］. 吴光，钱明，等编校. 上海：上海古籍出版社，2011：1013.

人发誓,他们再也不会为他玩了!这就是心理学上著名的"德西效应"。原本孩子们只为自己的快乐(心的满足)而玩,而当老人对于他们的这种行为给予物质奖励的时候,他们就由为自己的快乐而玩变成了为钱而玩,以至于最后完全丧失了本来纯粹的快乐。德西效应极好地揭示了人性。第一,心灵的快乐简单纯粹,不需要倚靠任何的外物,是自足的,人人可得(心为大体的原因之一);第二,内在单纯的快乐极容易为外物所转移、所异化;第三,外物能够开发人类的耳目之欲,此欲望一旦被开发出来,就会像河堤决了口,沛然莫之能御也(耳目为小体的原因之一);第四,当这些欲望没有得到满足的时候,就会产生得不到的痛苦。在国家的层面,人和人的层面,自己和自己的层面,都会有所体现。国家之间搞军备竞赛;个人之间比车,比房子,比子女等。体现在教育上就是智力的比拼,智力的比拼是为了什么,最后还是为了钱权名色这些东西。王阳明在《拔本塞源论》中说:"相矜以知,相轧以势,相争以利,相高以技能,相取以声誉。"[1]其根源在于人们过分追求满足小体所需求的物质,而忽略满足大体所需求的理义,所以不断向外索取,只要向外索取就会导致竞争,有竞争就会导致很多的恶果,这也是不知类所导致的必然结果。

孟子说:"今有无名之指,屈而不信(伸),非疾痛害事也,如有能信之者,则不远秦、楚之路,为指之不若人也。指不若人,则知恶之;心不若人,则不知恶,此之谓不知类也。"(《孟

---

[1] 王阳明. 传习录集评 [M]. 梁启超点校. 北京:九州出版社,2015:122.

子·告子上》）孟子善于譬喻，他通过手指之屈来说明在现实生活当中，人们经常会贵物贱心。手指不美不若人，则恶之。己心不美不善，则不知恶而美之善之，故"人有鸡犬放（走失），则知求之；有放心，则不知求"，此之谓不知类。为了满足口耳之欲，不是伤害他人，便是伤害自己，不是把他人作为谋取利益的手段，便是把自己作为工具，悲夫！"舜之饭糗茹草也，若将终身焉。及其为天子也，被袗衣，鼓琴，二女果，若固有之。"（《孟子·尽心下》）为何能够宠辱不惊，是因为舜始终将父母之爱，将理义排在首位，对于钱权色，视为草芥，如此必然能够不以物喜，不以己悲。孟子说："天下大悦而将归己，视天下悦而归己，犹草芥也，惟舜为然。"（《孟子·离娄上》）又说："鸡鸣而起，孳孳为善者，舜之徒也；鸡鸣而起，孳孳为利者，跖之徒也。欲知舜与跖之分，无他，利与善之间也。"（《孟子·尽心上》）由此，始终指引人的行为的是人的价值排序。孔子称赞颜回："贤哉，回也！一箪食，一瓢饮，在陋巷，人不堪其忧，回也不改其乐。"（《论语·雍也》）称赞子路："衣敝缊袍，与衣狐貉者立，而不耻者，其由也与！"（《论语·子罕》）而孔夫子自己也是"饭疏食饮水，曲肱而枕之，乐亦在其中矣"（《论语·述而》）。夫富贵，人所爱，孔颜不爱不求，而乐于贫者，何哉？子路衣敝缊袍，与衣狐貉者立而不耻，何哉？天地间有至富至贵可爱可求而异乎彼者，何哉？乃是"见其大而忘其小焉尔。见其大则心泰，心泰则无不足，无不足则富贵贫贱，处之一则能化而齐，故颜子亚圣"。① 惟有知类才能心安知足，自得其乐。

---

① 周敦颐. 周子通书［M］. 上海：上海古籍出版社，2000：38-39.

人对于自己的身体，每一部分都很爱惜，所以每部分都悉心保养。但是身体有重要的部分，有次要的部分；有小的部分，也有大的部分。有智慧的人不应该因为小的部分而损害大的部分，因为次要的部分而损害重要的部分。如果有个场圃管理员，舍弃了梧桐这样的好树种，却去养护荆棘，那他就是劣等的场圃管理员。如果人为了保护自己的一根手指，而丧失了肩膀背脊，自己都不知道，那他就是个愚蠢的人。只知道吃喝玩乐的人，人们都瞧不起，就是因为他们保养了小的部分，而丧失了大的部分。故孟子说："体有贵贱，有小大。无以小害大，无以贱害贵。养其小者为小人，养其大者为大人。"（《孟子·告子上》）体有贵贱，有小大，事有是非，有善恶，何为大？何为小？何为贵？何为贱？何为是？何为非？须辨得清清楚楚，明明白白，方可无以小害大，无以贱害贵，无以非惑是，无以恶妨善。此之谓先立乎其大，则其小者不能夺，是为知类——明了世事之间类比关系，懂得大小轻重、利害得失。

三、知己

人人生而具有"不虑而知、不学而能"之仁心，只要此心不夹杂私欲、不失其本体就可以亲亲仁民爱物，乃至于与天地万物为一体。这是自然而然未尝致纤毫之力的事情，所以并不是只有圣人才能够做到，天下人皆可以。圣人之所以成为圣人是因为他们的道心不为外物所移，故能事事物物当理合义。圣人之心纯乎天理，故能"知"，能"仁"，能"勇"。普通人之所以是普通人，是因为他们不知命、不知类、不从大体，他们"不为"，而不是

"不能"。因此王阳明根据人率性、尽性的程度，将人分成了三个层次：尽心、知性、知天、生知安行的是圣人，存心、养性、事天、学知利行的是贤人，夭寿不贰、修身以俟、困知勉行的是普通人（众人）。但王阳明对弟子强调说："圣人亦是学知，众人亦是生知。"学生不明白，他回答："这良知人人皆有，圣人只是保全，无些障蔽，兢兢业业，亹亹翼翼，自然不息，便也是学；只是生的分数多，所以谓之'生知安行'。众人自孩提之童，莫不完具此知，只是障蔽多，然本体之知自难泯息，虽问学克治也只凭他；只是学的分数多，所以谓之'学知利行'。"①

《中庸》有言"唯天下至诚为能尽其性"，又说"可以赞天地之化育，则可以与天地参矣"，这唯有圣人才能做到。因此说，这"生知安行"，是圣人之事。王阳明说知天的知，正如知州、知县的知。知州，就是一州的事情都是自己的事。知县，就是一县的事都是自己的事。知天，就是与天合而为一。"尧舜，性者也"（《孟子·尽心下》）即生知。需要存养内心的，是没有尽到他内心的人，因此一定要尽到存养扩充的功夫。一定要存养很长时间，直到不需要再存养，而自然无时不存养的时候，才可以进而说是尽心。事天就如儿子侍奉父亲，臣下侍奉君主，仍旧把它与天分而为二了。天赋命于我的，是内心和本性，我只应存留而不敢失去，只应修养而不敢伤害，就如同"父母全而生之，子全而归之"一样。因此说，这是学知利行，是贤人的事情。事天虽然与天分而为二，然而自己确实知道天命的存在，只要恭敬奉承

---

① 王阳明. 王阳明全集[M]. 吴光，钱明，等编校. 上海：上海古籍出版社，2011：108.

天命就可以了。"汤武，反之也"（《孟子·尽心下》）即学知。至于夭寿不贰，与存养内心的人又有差别。存养内心的人，虽然不能尽心，也已经一心为善，有时不能存养，那么只要有意识地存养就可以了。如今让人夭寿不贰，这还是用夭寿将内心分而为二了。仍旧用夭寿将心分而为二，这是因为为善的内心还不能专一。像等候天命之类的说法，就是还没有真正知道天命的所在，仍旧等待着的人。因此说立命。立是创立的立，就像立德、立言、立功、立名之类。凡是说到立的，都是从前从未有过，而现在刚刚开始建立的说法。也就是孔子所说的"不知命，无以为君子"。因此说，这是"困知勉行"，是学者的事情。如今让人们不要用夭寿扰乱为善之心的专一，就像是说死生夭寿都有命定在，只要一心为善，修身以俟天命就可以了，这是由于平日里并不知道有天命的存在。"五霸，假之也"即困知。

王阳明还用行路来作为比喻：尽心知天的人，就像年轻力壮的人，能够在几千里的路上来回奔走；存心事天的人，就像儿童，只能在院子里教他走路；夭寿不贰、修身以俟的人，就像婴儿，只能使他扶着墙壁慢慢学习站立和移动，因为他自然能站立移动。但是学习站立移动，是在庭院里学习走路的开始，在庭院里学习走路是来回奔跑几千里的基础。本来这并不是两回事，但是功夫难易悬殊。心、性、天三者本质本来一样的，所以等到这三种人都能够通晓天理、成功行道了，效果都是相同的。所以《中庸》说："或生而知之，或学而知之，或困而知之，及其知之一也。或安而行之，或利而行之，或勉强而行之，及其成功一也。"但是，这三种人的人品才能存在着高低差别，不可能超越各自的层次去做事。普通人用功，必须专心致志全心全意地在夭寿不贰、修身以俟命上下功夫，这样做就是尽心知天的开始。这正像学习站立移动，是学习奔走千里的开始。佛家则分为上根人、中根人、下根人。上根人是"本来无一物，何处惹尘埃"，中根人是"时时勤拂拭，莫使惹尘埃"，下根人是闻道即"大笑之"。不管是儒家还是佛家层次划分，知道自己处于哪一个层次是"知己"（了解自己）的体现之一。

邓晓芒教授在一次讲座中说到，在边远、几乎没有被现代文明熏陶过的一些小山村，村民上山砍柴，看到山上有已经扎好的柴，即便周边没有人，他们也不会把别人的柴搬回家，这是一种非常淳朴的道德。类似这样的道德行为不胜枚举，但是这种道德行为一旦遇到巨大的诱惑或者环境条件改变之后，很有可能会坍塌。因为这些古朴的人民之所以有如此淳朴的道德，可能是因为他们还不懂得、还不知道怎么不道德，或者是受到的诱惑还不够大。就像亚当和夏娃，原本善良单纯，无私无欲，对上帝虔诚笃信，在伊甸园里过着无忧无虑的生活，但是终究抵不过蛇三言两语的蛊惑，便偷吃了禁果，而使得上帝大怒，降罪于人类，自己也成了罪人。没有人生而为恶，有如亚当夏娃，但就像他们无法抵抗蛇的诱惑一样，在现实生活当中，我们也会遇到各种各样的诱惑，而如何才能够在无处不在的诱惑中立于不败之地，恐怕还需要知道人性的弱点，正所谓知己知彼，才能百战不殆。

据《孔子家语》载，鲁国有个男子，独自居住在一间房子里，他的邻居是一个寡妇，也独自一人居住。一天晚上，下起了暴风雨，寡妇的屋子被雨淋坏了，于是就跑到男子家祈求借宿。男子关上门拒绝让她进来，寡妇就从窗口对他说："你怎么这么没有仁德呢，为什么不让我进去？"鲁国人说："我听说男女不到六十岁的时候是不可以同处一屋的,现在你还年轻,我也很年轻,因此我不敢让你进来。"寡妇回答:"你为什么不能像柳下惠那样做呢?他虽然怀抱着没来得及出城门的女子,可是国人却没有一个人说他淫乱的。"男子说:"柳下惠可以做到,但是我却没有办法做到。我不打算用我所做不到的事情去模仿柳下惠所能做到的事情。"孔子听说这件事情之后,说道:"好啊!想要学习柳下惠的人没有一个能像他这样做的。想要止于至善,却不完全因袭别人的行为,这真的可以说是大智慧啊!"知道自己不能够像柳下惠一般坐怀不乱,这是知己,知道寡妇年轻,这是知彼,于是拒绝寡妇进屋,进而保住自己的道义,这是大智慧。《墨子》说:"于所体之中,而权轻重之谓权。权,非为是也,非非为非也。权,正也。"这里的"权"是权衡之意,即对自己正面临的利害、苦乐进行权衡取舍,利之中取大,害之中取小。《墨子》又说:"于事为之中而权轻重之谓求。求为之,非也。"在人的行动中权衡轻重,正确地进行取舍,这就叫作"求"。单纯的权衡还不是求,"求"是在行动中根据权衡分清是非,进而对行为提出要求,亦即根据权衡进行选择。求为是而不为非,求为义而不为非义,"求"本身具有善的价值导向。鲁国男子能够根据自己的禀性拒绝让寡妇进屋,做到"害之中取小",从而让自己免于陷入不义的境地之中,本身也是一种仁义的体现。同生而为人,但是却各有不同的嗜好,有的人好权,有的人好钱,有的人好名,有的人好色,当这些权钱名色离人很远的时候,也许人人都是道德高尚的君子,可是当这些权钱名色真实地摆在眼前的时候,大部人瞬间就倾倒了。所以每个人都应该像这个鲁国男子一样,知道自己的"禁果"是什么,当"禁果"摆在自己面前的时候,不是像亚当夏娃一样束手就擒,而是能够主动避而远之,以防止自己堕入罪恶的深渊。卡西尔在《人论》中写道:"在人那里,判断力是主要的力量,是真理和道德的共同源泉。因为只有在判断力上,人才是完整地依赖于自己的,判断力乃是自由、自主、自足的。"① 能够对自己做出正确的判断,这是"知己"的体现之二。

人作为万物之灵,区别于禽兽草木,要修身以俟命,此之谓知命;人有大体和小体,要先立乎其大,从其大体为大人,此之谓知类;人人皆有弱点,能主动自觉避免,此之谓知己,知此三者,谓之自知。知者自知,可谓之明君子!

四、知识(闻见之知)

"知命""知类""知己"是"真知",只有"真知"才能让人免去侥幸心理,远离危墙,如此便能保障人知行合一,保障人无论在什么样的情境下都能做出恰当的价值选择。孔子说:"生而知之者,上也;学而知之者,次也;困而学之,又其次也。困而不学,民斯为下矣!"(《论语·季氏》)这里面四个层次的"知"分别对应的就是"知命"之"知"、"知类"之"知"、"知己"之"知"、"知识(闻见之知)之"知"。圣人是生而知之的代表,具体而微的颜回是学而知之的代表。普通人是困而知之的代表,桀、纣是困而不学的代表。既然孔子生而知之,应该是无所不

---

① 恩斯特·卡西尔. 人论 [M]. 甘阳,译. 上海:上海译文出版社,1985:11.

知,无所不能,为什么他又会说"吾十有五而志于学"(《论语·为政》)?如果需要学,如何可说是生而知之?故王阳明说:"圣人无所不知,只是知个天理;无所不能,只是能个天理。圣人本体明白,故事事知个天理所在,便去尽个天理;不是本体明后,却于天下事物都便知得,便做得来也。天下事物,如名物度数、草木鸟兽之类,不胜其烦。圣人须是本体明了,亦何缘能尽知得。但不必知的,圣人自不消求知,其所当知的,圣人自能问人;如'子入太庙,每事问'之类,先儒谓'虽知亦问,敬谨之至'。此说不可通。圣人于礼乐名物,不必尽知。然他知得一个天理,便自有许多节文度数出来。不知能问,亦即是天理节文所在。"[1] 可见圣人知的是"天理"(知天命),而不是具体的礼乐名物度数。如果礼乐名物之类是成为圣人的功夫,圣人必学而后才能通晓,那么圣人就不能称为"生而知之"了。说圣人是"生而知之",是专指天理而言的,不包括礼乐名物之类,因此礼乐名物之类并不是成为圣人的充分条件。那么学而知之的人也应该学习天理,而不仅仅是具体的礼乐名物度数。

难道只有圣人才能"真知"吗?当然不是,天下人的心,最初同圣人的心并没有分别,只是后来夹杂了私心,被物欲所蒙蔽,天下为公的大心变成了自己的小心,通达的心变得堵塞了,人人各有私心,甚至有人把父子兄弟看成仇人。圣人对此非常担忧,于是推广天地万物为一体的仁爱来教育天下人,使人人能够克制私欲,清除蒙蔽,恢复他们与圣人相同的心。圣人教化的主

---

[1] 王阳明. 王阳明全集[M]. 吴光,钱明,等编校. 上海:上海古籍出版社,2011:110.

要精神，就是尧舜禹一脉相承的"道心惟微，惟精惟一，允执厥中"，而圣人教化的具体细节内容，就是舜让契教化天下的"父子有亲，君臣有义，夫妇有别，长幼有序，朋友有信"这五个方面而已。之所以制定具体的德育条目，圣人是迫不得已，因为世人之心大多已被外物所移，既不知"天命"，也不"知类"和"识大体"，更不"知己"。如今学人学习圣人，对圣人通晓的义理不去学习掌握，却念念不忘圣人不得已而制定的名物度数，甚至探求圣人所不知道的东西，并且把他们当作学问，这就迷失了成为圣人的方向。王阳明一再强调圣人只是一颗纯乎天理之心，与才识多寡、事功成就无关，就是为了提醒世人，圣人之道在诚意正心、在致良知，不在闻见上。因为只要知"天理"，便能学而不厌，便能"每事问"，闻见自然而有。这也是今天人们知行不能够合一的问题。因为众人只是知道一些具体的德育条目，这并不能够使人敬畏而做出合义的事情，就像人即便知道核心素养，如果不能深刻理解核心素养之于自己的意义，人也不会去努力学习核心素养。所以今天的道德教育不能只教人学习具体的名物度数，更不能只学习核心素养是什么，而应该通过恰当的方式"知己""知类"识大体，甚至"知天命"，如此，才能培养真正的有德之人。

第九篇　君子自爱

　　自暴者，不可与有言也；自弃者，不可与有为也。言非礼义，谓之自暴也；吾身不能居仁由义，谓之自弃也。

——孟子

　　诚者自成也，而道自道也。君子以自昭明德。人之有是四端，而自谓不能者，自贼者也。暴谓自暴，弃谓自弃，侮谓自侮，反谓自反，得谓自得。福祸无不自己求之者，圣贤道一个自字煞好。——陆九渊

　　君子之学，为己之学也。为己故必克己，克己则无己。无己者，无我也。世之学者执其自私自利之心，而自任以为为己，济焉入于赎堕断灭之中，而自任以为无我者，吾见亦多矣。——王阳明

一、人不为己，天诛地灭

　　有人问熊十力先生："若无轮回，生则桀纣，死则腐骨；生则尧舜，死则腐骨。何所惮而不为恶耶？"相信这是很多人都存在的疑问，既然做桀纣或是做尧舜的结果都是死后化作一堆腐骨，那为非作歹又有什么不可呢？熊十力先生答："此见甚劣。直是不堪酬答。昔宋儒有遇此类诘难者，彼应之曰：'人性本善，

谁教汝自家作践来？'此老实话，若深玩味之，其义无穷。"① 固然人性本善，不应当为恶而作践自己，做人就要活出人的高大光辉来，但同时人还需要知道，人若为恶，是会自作孽不可活的。前文已经例证，只要为恶，无须来生，今生就会天诛地灭。人的祸福无不是自己招致的。荀子说："物类之起，必有所始。荣辱之来，必象其德。肉腐出虫，鱼枯生蠹。怠慢忘身，祸灾乃作。"（《荀子·劝学》）人的荣辱与人的品德相一致，好比肉身臭了就会生蛆，鱼干了就会生虫。邪恶污秽集于一身，就会招致怨恨。懈怠散漫而忘掉自身，灾祸就发生了，所以"君子慎其所立"。

学生萧惠问王阳明，自己一心想要做品德高尚的人，为何自己的私欲难以克制。王阳明说必须有一颗为己的心，才能够克己。于是萧惠认为自己只是为自己的躯壳，而不是真正为己，所以不能克己。但是王阳明认为"真己"是离不开躯壳的，许多人和萧惠一样，之所以不能够克己，是因为连自己的躯壳都不懂得珍惜。眼睛喜欢美色，耳朵喜欢美声，嘴巴喜欢美味，这容易使人为满足这些欲望而不能克己，还自认为是为自己好。阳明一针见血指出，美色令人目盲，美声令人耳聋，美味使人失去味觉，放纵驰骋使人发狂，这些都是危害人的耳、目、口、鼻、四肢的。人若是爱己，有一个真切为己的心，就必须思考耳朵怎么听，眼睛怎么看，嘴巴怎么说，四肢怎么动作，才能做到不符合礼制规定的不去听、不去看、不去说、不去动作，才能成就耳、目、口、鼻、四肢，从而成就真我。他对萧惠说："这个真己，

---

① 熊十力. 境由心生[M]. 北京：北京联合出版公司，2012：188-189.

是躯壳的主宰。若无真己,便无躯壳,真是有之即生,无之即死。若汝真为那个躯壳的己,必须用着这个真己,便须常常保守着这个真己的本体。戒慎不睹,恐惧不闻,唯恐亏损了他一些。才有一毫非礼萌动,便如刀割,如针刺,忍耐不过,必须去了刀,拔了针。这才是有为己之心,方能克己。汝今正是认贼作子,缘何却说有为己之心,不能克己?"[①] 真正的自己乃躯壳之主宰,可掌控不当理之欲,若真爱己,就如同向老天发了毒誓一般,必定能做到戒慎不睹,恐惧不闻。刚有一点点不符合礼制规定的兆头萌生,就如同被刀割、被针刺,无法忍受,必须去除刀,去拔针。这才是为自己着想的心,才能克己。

今人为学不仅偏离"为己"之正道,而且对于"为己"之理解断章取义,流于字面,甚至是误读,从"人不为己,天诛地灭"之用法可知。此语多被世人理解为"人如果不为自己谋取好处——钱、权、色等,就会遭到天地诛杀"。因此这句话经常被自私自利之徒拿来为自己的恶行辩解。儒家的"为己"内涵指修己成己。王阳明在《书王嘉秀请益卷》中说道:"君子之学,为己之学也。为己故必克己,克己则无己。无己者,无我也。世之学者执其自私自利之心,而自任以为为己,滓焉入于隳堕断灭之中,而自任以为无我者,吾见亦多矣。"[②] 王阳明于此处指出"为己"之真义,告诫弟子自私自利非是为己,而是害己。如历史上的暴君不知"为己",故骄奢淫逸、横征暴敛、纵情声色,最终

---

① 王阳明. 王阳明全集[M]. 吴光,钱明,等编校. 上海:上海古籍出版社,2011:41.

② 王阳明. 王阳明全集[M]. 吴光,钱明,等编校. 上海:上海古籍出版社,2011:303.

亡国亡家，将自己送上不归路；贪官污吏不知"为己"，故运用自己手中的权力搜刮民脂民膏，满足自己耳、口、鼻、四肢的私欲，于是自掘坟墓；吸毒的人不知"为己"，故放纵自己堕落，自毁一生。这才是"人不为己，天诛地灭"的真正含义。

二、 懈怠一生， 便是自弃自暴

有一个朋友在火车上把自己的卧铺下铺换给了一个在上铺的老人，当他和我说这件事的时候，我打趣他："敢情你是来求表扬的啊！"然后他很认真地说："看到老人从上铺那么高的地方爬下来的时候，自己心惊胆战的。"和见孺子入井有怵惕恻隐之心一样，只要是人，见老人从高处爬下来一定会心惊胆战，这并不是因为这位老人是自己的亲奶奶，也不是为了求得他人的表扬，更不是因为厌恶老人从上面爬下来的艰辛。但就像不是每一个有怵惕恻隐之心的人都会救孺子一样，也不是每一个心惊胆战的人都会和老人换床铺，所以救与不救，换与不换，关键在于是否能够做到诚意不自欺。孟子说："恻隐之心，仁之端也；羞恶之心，义之端也；辞让之心，礼之端也；是非之心，智之端也。人之有是四端也，犹其有四体也。有是四端而自谓不能者，自贼者也；谓其君不能者，贼其君者也。凡有四端于我者，知皆扩而充之矣，若火之始然，泉之始达。苟能充之，足以保四海；苟不充之，不足以事父母。"(《孟子·公孙丑上》)前文已经例证，人人生而具有一颗柔嫩敏锐的仁心，此心知天地万物之痛痒，故见孺子入井即有怵惕恻隐之心，见老人从高处爬下会心惊胆战。保有此心，见禽兽之生，便不忍见其死；闻禽兽之声，便不忍食其肉；见老人下床，不忍其艰辛。人与生俱来具有四心，犹如人与生俱来具有四肢，正是因为有此四心，人才可以小则事父母，大则保四海。否认自己生来具有四心而不知存养扩充的人，就是自欺者，存养扩充此四心的是自爱者，所以孔子才强调仁者是自爱之人，是真正的明君子。程子说："人皆有是道，唯君子为能体而用之；不能体而用之者，皆自弃也。故孟子曰：'苟能充之，足以保四海；苟不充之，不足以事父母。'夫充与不充，皆在我而已。"①

常人与圣人皆有乍看孺子入井的恻隐之心，圣人和常人的区别在于是否存养扩充了这颗易于为他人之不幸而不安的心，也就是王阳明所说的致良知。王阳明强调说："'唯天下至圣，为能聪明睿智'，旧看何等玄妙，今看来原是人人自有的。耳原是聪，目原是明，心思原是睿智，圣人只是一能之尔。能处正是良知。众人不能，只是个不致知。何等明白简易！"②就像人人生来耳聪目明一样，聪明睿智也是人人生来就有的，圣人能致良知，众人不能致良知，于是圣人能够"知（智）""仁""勇"，而众人不能，因此"知""仁""勇"就显得玄妙不可及。如我的朋友，看到老人爬下床而心惊胆战，从而选择和老人换床铺，这是不勉而中，不思而得的行为，是存养扩充自己的仁心的行为，是从其大体的行为。换了尧舜孔孟陆王，他们能做的也不过如此。所以孔子说"我欲仁，斯仁至矣"，推致所有事事物物均是如此。孟子

---

① 程颢，程颐. 二程遗书 [M]. 上海：上海古籍出版社，2011：378.

② 王阳明. 王阳明全集 [M]. 吴光，钱明，等编校. 上海：上海古籍出版社，2011：124.

云:"夫道若大路然,岂难知哉?人病不求耳!"(《孟子·告子下》)人间正道就摆在眼前,可悲的是人不去走而已。良知良能,愚夫愚妇与圣人同。但唯圣人能致其良知,而愚夫愚妇不能致,此圣愚之所由分也。

圣人的本质就是人,只不过圣人是尽人性之人,极少有人能够尽性,因此圣人才为我们所推崇。我们普通人是未尽人性之人,恶人是丢失人性之人。可见,普通人没有尽性成为圣人,不是"不能",而是不为。孟子用了三个比喻来说明"不为"与"不能"的区别。第一个例子是《孟子·梁惠王上》:"挟太山以超北海,语人曰:'我不能。'是诚不能也。为长者折枝,语人曰:'我不能。'是不为也,非不能也。"另又有《孟子·告子下》曰:"有人于此,力不能胜一匹雏,则为无力人矣。今曰举百钧,则为有力人矣。然则举乌获之任,是亦为乌获而已矣。夫人岂以不胜为患哉?弗为耳。徐行后长者谓之弟,疾行先长者谓之不弟。夫徐行者,岂人所不能哉?所不为也。尧、舜之道,孝弟而已矣。"圣人之道即尧舜之道,尧舜之道即孝弟之道,所以圣人之道即孝弟之道。孝弟之道是为长者折枝,非挟泰山以超北海,是徐行后长者,因此人人可为,非不能也。又"舜之居深山之中,与木石居,与鹿豕游。其所以异于深山之野人者几希。及其闻一善言,见一善行,若决江河,沛然莫之能御也"(《孟子·尽心上》)。倘若我们服尧舜之服,诵尧舜之言,行尧舜之行,则可成为尧舜。"善念发而知之,而充之;恶念发而知之,而遏之。

知与充与遏者，志也，天聪明也。圣人只有此，学者当存此。"①故圣人之道，吾性自足，圣人可学而至。王阳明的精金比喻恰恰说明了这一点。他强调圣人只要此心纯乎天理就可以，和他们的事功无关，也就是和他们的能力贡献无关。学做圣人不会要求人"挟太山以超北海"，而只会要求人"给长者折枝"。在人伦日用之间存养扩充自己的仁心，便是自爱，而反之，懈怠一生，便是自暴自弃。

三、人人皆可为尧舜

圣人也是人，圣人一开始和普通人并没有什么不同。就像同样的大麦播种以后，只要有充足的阳光、水、养分，就会蓬勃生长，到了夏至的时候，就都会成熟了。即便有什么不同，那也是由于土地的肥沃程度、雨水的不同、人所下的功夫不同而造成的。所以只要是同类的东西，都一样，人也不例外。"故龙子曰：'不知足而为屦，我知其不为蒉也。'屦之相似，天下之足同也。口之于味，有同耆也，易牙先得我口之所耆者也。如使口之于味也，其性与人殊，若犬马之与我不同类也，则天下何耆皆从易牙之于味也？至于味，天下期于易牙，是天下之口相似也。惟耳亦然。至于声，天下期于师旷，是天下之耳相似也。惟目亦然。至于子都，天下莫不知其姣也。不知子都之姣者，无目者也。故曰：口之于味也，有同耆焉；耳之于声也，有同听焉；目之于色

---

① 王阳明. 王阳明全集［M］. 吴光，钱明，等编校. 上海：上海古籍出版社，2011：25.

也,有同美焉。至于心,独无所同然乎?心之所同然者何也?谓理也,义也。圣人先得我心之所同然耳。故理义之悦我心,犹刍豢之悦我口。"(《孟子·告子上》)天下的鞋子都类似,是因为天下人的脚的形状都差不多。就像眼睛对于容貌,有相同的美感,嘴巴对于美味,有相同的嗜好,耳朵对于美声,有相同的喜好,那么人心肯定也有对于同一种东西的渴望,这种东西就是理和义。就像易牙首先掌握美味,师旷首先掌握美声一样,圣人便是最先掌握我们内心相同之处的人。理义使人的内心愉悦,就像美味佳肴使得我们的舌头愉悦一样。

陆九渊说:"宇宙即吾心,吾心即宇宙。东海有圣人出焉,此心同也,此理同也。西海有圣人出焉,此心同也,此理同也。南海有圣人出焉,此心同也,此理同也。北海有圣人出焉,此心同也,此理同也。千百世之上,有圣人出焉,此心同也,此理同也。"同在哪里?同在此心纯乎天理,只论精一,不论多寡。王阳明的弟子希渊问:"圣人可学而至。然伯夷伊尹于孔子,才力终不同。其同谓之圣者安在?"王阳明回答说:"圣人之所以为圣,只是其心纯乎天理,而无人欲之杂。犹精金之所以为精,但以其成色足而无铜铅之杂也。人到纯乎天理方是圣,金到足色方是精。然圣人之才力,亦有大小不同,犹金之分两有轻重:尧舜犹万镒,文王、孔子犹九千镒,禹、汤、武王犹七八千镒,伯夷伊尹犹四五千镒。才力不同而纯乎天理则同,皆可谓之圣人。犹分两虽不同,而足色则同,皆可谓之精金。以五千镒者而入于万镒之中,其足色同也;以夷、尹而厕之尧、孔之间,其纯乎天理同也。盖所以为精金者,在足色而不在分两。所以为圣者,在纯乎天理而不在才力也。"①王阳明的这一段关于圣人的精金比喻与陆九渊的论述有异曲同工之妙。他也认为文王、孔子、禹汤武王、伯夷伊尹等所生活的时空虽各不相同，才力迥异，事功不一，但是他们都是名垂千古的圣人，只因他们都有一颗纯乎天理的心。就好比金子足色称为精金，万镒之金，九千镒之金，七八千镒之金分量轻重虽不同，而足色则同。孟子又说："舜生于诸冯，迁于负夏，卒于鸣条，东夷之人也。文王生于岐周，卒于毕郢，西夷之人也。地之相去也，千有余里；世之相后也，千有余岁。得志行乎中国，若合符节。先圣后圣，其揆一也。"(《孟子·离娄下》)这里的"一"即"纯乎天理之心"，也就是圣人的唯一标准。那么此"纯乎天理之心"具体指什么？如何而得？

"此心无私欲之蔽，即是天理，不须外面添一分。以此纯乎天理之心，发之事父便是孝，发之事君便是忠，发之交友治民便是信与仁。"②"纯乎天理之心"是指无人欲夹杂之道心，此心有如明镜，物来顺应，无物不照。只要此心纯乎天理，则于事事物物皆能发而皆中节。比如孔老夫子非常喜欢音乐，所以在齐闻《韶》，三月不知肉味，自己都不得不感叹"不图为乐之至于斯也"。但是，在参加丧礼那一天，"子于是日哭，则不歌"。(《论语·述而》)这说明他老人家平时就喜欢唱歌，只有在遇到丧事的时候才哭而不歌。孔子喜怒哀乐皆能发而皆中节，可是颜渊死的时候"子哭之恸"。他旁边的人提醒他说："子恸矣！"他回答

---

① 王阳明. 王阳明全集［M］. 吴光，钱明，等编校. 上海：上海古籍出版社，2011：31-32.
② 王阳明. 王阳明全集［M］. 吴光，钱明，等编校. 上海：上海古籍出版社，2011：3.

说:"有恸乎?非夫人之为恸而谁为?"这就是"纯乎天理之心"的一个表现,圣人心体自然如此,虽过,亦是增减分毫不得。孟子称赞孔子:"可以仕则仕,可以止则止,可以久则久,可以速则速。"此即"圣之时者"。也就是无论在哪里,在什么地方,无论做什么事情,都能够保持中庸,不偏不倚,无过而无不及。王阳明又说:"知是心之本体。心自然会知:见父自然知孝,见兄自然知弟,见孺子入井自然知恻隐,此便是良知不假外求。"① 弟子惟乾问:"知如何是心之本体?"王阳明回答:"知是理之灵处。就其主宰处说,便谓之心;就其禀赋处说,便谓之性。孩提之童,无不知爱其亲,无不知敬其兄,只是这个灵能不为私欲遮隔,充拓得尽,便完;完是他本体,便与天地合德。自圣人以下,不能无蔽,故须格物以致其知。"② 王阳明认为只要人不拘蔽自小,存养扩充他原有心之灵明即良知,自然能够完他本体,与天地合德,成为与天地万物为一体的圣人。《中庸》说"天命之谓性,率性之谓道",又说"自诚明,谓之性",所以人性本诚,人本来就有一颗纯乎天理之心,只要此心不因物欲而失其本体,人人都能够于事事物物率性而为,圣人便是如此。"知(智)仁勇"是纯乎天理之心的体现。

---

① 王阳明. 王阳明全集 [M]. 吴光,钱明,等编校. 上海:上海古籍出版社,2011:7.

② 王阳明. 王阳明全集 [M]. 吴光,钱明,等编校. 上海:上海古籍出版社,2011:39.

第十篇 君子自信

君子不求天下之信己也，自信而已。——王阳明

自得者所守固，而自信者所行不疑。——程颐

信有二般：有信人者，有自信者。如七十子于仲尼，得他言语，便终身守之；然未必知道这个怎生是，怎生非也，此信于人者也。学者须要自信，既自信，怎生夺亦不得。——程颐

学者不可以不诚，不诚无以为善，不诚无以为君子。修学不以诚，则学杂；为事不以诚，则事败；自谋不以诚，则是欺其心而自弃其忠；与人不以诚，则是丧其德而增人之怨。今小道异端亦必诚而后得，而况欲为君子者乎？故曰：学者不可以不诚。虽然，诚者在知道本而诚之耳。——程颐

一、 至诚如神， 可以前知

2016年，到山东曲阜开会，期间去参观了孔庙。在孔庙看到的一幕至今印象深刻。在一个卖收藏品、玉器的店里贴的满是写着"店内已装摄像头"的A4纸，从门口到店内的橱柜上，毫不夸张地说真是贴得连卖的东西都几乎看不到了。这样的一幕和孔

庙显得那么格格不入,这个店比我所进过的任何一个店里贴的警告都多。不知道其他游客的感受,而我是一进入店里,就似乎一直有一个声音在我的耳边循环:你已经被监控,请你不要轻举妄动,否则后果自负。你已经被监控,请你不要轻举妄动……那种感觉就像我是一个大坏人,是一个十恶不赦的罪犯,如果没有了无时无刻不在监控我的眼睛,我就会做出什么违法乱纪的事情。这看似是非常小的一件事情,却折射出了对人的极度不信任,而追根究底,这种不信任是人的不自信导致的。这种不自信体现在不相信自己只要落实自己的心意就能为善,也不相信别人一样能够只要按照自己的心意行事就能为善不为恶,更不相信即便不预想、不提防别人对自己的恶,也能及时发现恶。当然最根本的不自信是不落实自己的心之所发,正是因为人不去落实自己的善,所以人性堕落;人性堕落,自然就需要时时监督控制,以防止人为非作歹(于自己不利)。

　　孔子说:"不逆诈,不亿不信,抑亦先觉者,是贤乎!"(《论语·宪问》)如果我们能够自己修身成贤,即便不在事前怀疑别人有欺诈,不在事前揣想人对自己不诚信,但临事遇人有诈与不诚,亦能觉察。有些人不欺诈、不随意猜测别人,但他们不知道反身而诚的功夫,所以常常被别人欺骗。孔子的话不是教人存心去事先觉察他人的欺诈和虚伪。存心体察别人的欺诈和虚伪,这是后世猜忌阴险刻薄的人做的事情,会使人陷入以小人之心度君子之腹的境地。只要存有这一种念头,就已经无法进入尧舜圣道的大门了。不猜测别人欺诈,不臆想别人不诚信,而被人欺骗,这样的人并没有丧失其善良的本性,但不如能反身而诚而自然而然能事先觉察奸伪的人贤明。良知自在人心,横亘万古,充满宇宙，都是相同的，所以古人说"不虑而知"，"恒易以知险"，"不学而能"，"恒简以知阻"，"先天而天弗违，后天而奉天时，天且弗违，而况于人乎！况于鬼神乎！"（《易传》）那些不能觉悟、欺诈不实的人，虽然不猜度别人欺诈，但他们也许不能不自欺。虽然不去臆想别人是否诚信，但他们也许不能真的相信自己。这使他们常常有寻求先觉的心思，但却不能常常自我觉悟。常有探求先觉的心思，就沦落为事先猜测别人欺诈和不诚信的境遇之中，而这就足以遮蔽他们的良知了。这就是为什么他们无法免除不能觉悟和欺诈不实的原因。

王阳明告诫弟子："君子学以为己，未尝虞人之欺己也，恒不自欺其良知而已；未尝虞人之不信己也，恒自信其良知而已；未尝求先觉人之诈与不信也，恒务自觉其良知而已。是故不欺则良知无所伪而诚，诚则明矣；自信则良知无所惑而明，明则诚矣。明诚相生，是故良知常觉常照。常觉常照，则如明镜之悬，而物之来者自不能遁其妍媸矣。何者？不欺而诚则无所容其欺，苟有欺焉，而觉矣；自信而明则无所容其不信，苟不信焉，而觉矣。"[1]君子为学是为了提高自己，从不忧患别人欺骗自己，只是永远不欺骗自己的良知罢了。不担忧别人对自己不诚信，只是永远相信自己的良知。不去寻求预先觉察别人的欺诈和不诚信，只是永远努力体察自己的良知。因此，君子不欺骗自己，良知就虔诚不虚伪；君子虔诚，良知就能莹彻。君子相信自己，良知不受迷惑而莹彻，这样就虔诚了。莹彻和虔诚互相促进，所以良知能

---

[1] 王阳明. 王阳明全集 [M]. 吴光，钱明，等编校. 上海：上海古籍出版社，2011：83-84.

不断觉悟，不断明朗，常觉常照的良知就像高悬的明镜，万事万物的美丑都无法在它面前隐藏。为什么这样说呢？良知不欺诈而真诚，也就不能容忍欺骗，遇到欺骗就能觉察。良知自信明朗，也就不能容忍不诚信，不诚信就能觉察。这就是所谓的"易以知险""简以知阻"和子思所说的"至诚之道，可以前知"（《中庸》）。只要做到至诚，不需要时时刻刻对他人设防，也能够知道自己是否被欺诈。

二、 可欲之谓善， 有诸己之谓信

父子俩牵着驴进城，半路有人笑他们：真笨，有驴不骑！父亲便让儿子骑上驴，走了不久，有人又说：真是不孝顺的儿子，竟然让自己的父亲走路。父亲赶紧让儿子下来自己骑到驴背上，谁知又有人说：真是狠心的父亲，不怕把儿子累死。父亲赶紧让儿子也骑上驴背，谁知又有人说：两个人骑在驴上，这么残酷地对待动物，这可怜的驴子的背正下陷，多么可怜的动物啊！父子两个赶快溜下驴背，把驴子四只脚绑起来，用棍子扛着。在过一座桥时，驴子因为不舒服，挣扎了起来，结果掉进河里淹死了。看到父子抬驴的故事，世人都会嘲笑这父子俩没有主见，所以才会被别人的言语所左右，但寻根究底，在于父子俩不相信自己的所作所为是符合道义的，所以才任由别人对自己指手画脚，并因此而轻易改变自己。世间这种人不在少数，只向外寻求是非善恶、高低贵贱标准的人都是不够自信的人；不自信，自然没有主见，这会表现在生活的方方面面。熊十力先生曾批判我国学人有一种不良的习惯，即对于学术没有抉择一己所愿学的东西。他说:"吾国学人,总好追逐风气,一时之所尚,则群起而趋其途,如海上逐臭之夫,莫名所以。曾无一刹那,风气或变,而逐臭者复如故。此等逐臭之习,有两大病。一、个人无牢固与永久不改之业,遇事无从深入,徒养成浮动性。二、大家共趋于世所矜尚之一途,则其余千途万辙,一切废弃,无人过问。"熊十力先生对学子不能因为自己的兴趣爱好而真正选择自己所长之专业的批判于今之学子依然适用,如冷热专业的选择,英语热就全跑去学英语,经济热便全跑去学经济,计算机热便全去抢着学计算机,全不问自己天赋与爱好。所以熊十力先生特别强调:"实则文学、哲学、科学,都是天地间不可或缺的学问,都是人生所必需的学问。这些学问,价值同等,无贵无贱。我若自信天才与兴趣,宜于文学,则虽举世所不尚,吾孤往而深入焉,南面之乐,不以易也。乃至自信我之天才与兴趣,宜于哲学或科学,则虽举世所不尚,吾孤往而深入焉,南面之乐,无以易也。如此,则于其所学,必专精而有神奇出焉。试问今之学子,其习业果非逐臭而出于真正自择者有几乎?"[1] 世间学问专业均无高低贵贱之分,若能够自信己之天才与兴趣,便会抛弃外界所有的因素,而择自己所长所爱。程颐说:"自得者所守固,而自信者所行不疑。"[2] 又说:"学者须要自信,既自信,怎生夺亦不得。"[3] 今之学人多不自信,所以就像无根的浮萍,随波逐流,难成大事。

---

[1] 熊十力. 境由心生 [M]. 北京:北京联合出版公司,2012:27-28.
[2] 程颢,程颐. 二程遗书 [M]. 上海:上海古籍出版社,2011:376.
[3] 程颢,程颐. 二程遗书 [M]. 上海:上海古籍出版社,2011:236.

那么到底什么叫自信？要理解"自信"，首先要理解"信"。《说文解字》："信，诚也。从人从言。""信"即是"诚"。那么什么又是"诚"呢？《说文解字》："诚，信也。从言成声。""诚"和"信"可以互译。朱熹对《大学》中的"诚其意"的注释是："诚，实也。意者，心之所发也。实其心之所发，欲其一于善而无自欺也。"所以"诚其意"是指去落实自己的"心之所发"，即知善欲善而为善，故不自欺。这里面包含了几层含义：第一，心知善欲善，即善恶的标准在自己的心中（可欲之谓善）；第二，使善落实（为善），即按照自己心中的善恶标准来行事（有诸己之谓信）。齐宣王不忍见牛觳觫，故以羊易之，"不忍"是"心之所发之意"，"以羊易之"便是"实其心之所发之意"，便是"信"；人见孺子将入井而有怵惕恻隐之心，便去救孺子，"怵惕恻隐"是"心之所发之意"，"救之"便是"实其心之所发之意"，便是"信"；我的朋友见老人从上铺爬下来而心惊胆战，故不假思索地和老人换床铺，"胆战心惊"是"心之所发之意"，"换床铺"便是"实其心之所发之意"，便是"信"。对于学问的选择也是如此，如学经济学常觉枯燥无聊，故换之以能够让自己怡然自得的教育学，"枯燥无聊"是"心之所发之意"，"换让自己怡然自得的专业"便是"实其心之所发"，便是"信"。

《大学》曰："所谓诚其意者，毋自欺也。如恶恶臭，如好好色，此之谓自谦。故君子必慎其独也！"朱熹注："诚其意者，自修之首也。毋者，禁止之辞。自欺云者，知为善以去恶，而心之所发有未实也。谦，快也，足也。独者，人所不知而己所独知之地也。言欲自修者知为善以去其恶，则当实用其力，而禁止其自欺。使其恶恶则如恶恶臭，好善则如好好色，皆务决去，而求必得之，以自快足于己，不可徒苟且以殉外而为人也。然其实与不实，盖有他人所不及知而己独知之者，故必谨之于此以审其几焉。"① 人人生而具有一颗知天地万物痛痒的仁心，此"仁心"本身知善知恶，如果人做到恶恶如恶恶臭，好善如好好色，就是诚意不自欺。此外，还须特别注意两点。第一点："诚"是在"人所不知而己所独知之地"发见，即慎独，故他人无法确认也无法评判。既然他人无法评判，那么自己也无须听从他人的评判，这也是康德给理性划界的原因。当然也正因为如此，人才更加需要自律自觉，否则就会落入自欺的境地。第二点："诚"是自足快乐的，无须外求，即自慊，前文例证安与不安是为与不为的标准，诚则安，不诚则不安，如"小人闲居为不善，无所不至，见君子而厌然，掩其不善而著其善"。小人为恶却要著其善，如此不诚，自然不会自慊。

孟子说："可欲之谓善，有诸己之谓信。"朱熹注："天下之理，其善者必可欲，其恶者必可恶。其为人也，可欲而不可恶，则可谓善人矣。凡所谓善，皆实有之，如恶恶臭，如好好色，是则可谓信人矣。张子曰：'志仁无恶之谓善，诚善于身之谓信。'"②只要至诚便会"如恶恶臭，如好好色"。若是"好色"，便承认它的"好"，就以对待"好色"应有的态度对待它，若是"恶臭"，便承认它的"臭"，就以对待"恶臭"应有的态度来对待它，如此便是"有诸己"，即"信"。《大学》说"唯仁人为能爱人，能恶人"，正是因为诚意不自欺，所以是非分明，善恶自

---

① 朱熹. 四书章句集注 [M]. 北京：中华书局，2015：8.
② 朱熹. 四书章句集注 [M]. 北京：中华书局，2015：346.

辨。综上,"信"有着非常深刻的涵义。第一,善恶的标准就在自己的心中,只要如恶恶臭、如好好色般不自欺,其是非曲直自然显现出来,不必外求,这是信,也是诚;第二,要按照心中是非曲直的标准来落实一切事情,这是诚,更是信。此两者是充分必要关系,因为"诚",所以"信",因为"信",所以"诚"。一个人如果不能"诚"于自己的"心之所发",那他必定不"信"己之"心之所发";一个人如果不信"心之所发",则必定不会"诚"于"心之所发"。只有真"诚"才会真"信",只有真"信"才会真"诚",其最后表现出来的状态便是"自慊"。用更加通俗的话讲,"信"就是"随心所欲而不逾矩",故能"自我立法"。因此真正的"自信"就是"自我立法"。能够"自我立法"的根本在于"法"在"我"的心中,只要"我"诚意不自欺,"我"就能使其显现出来。这个事情他人无法确认,也无法质疑,所以他人无权评判。因为是在"人所不知而己所独知之地"发现,"我"深知这一点,所以他人的评判,"我"无须理睬,故能坚定不移,这就是真正的"自信"。这里论证的是"心"的"自信","身"的"自信"不值一提,现在社会很多人折腾自己的肉身,比如整容,最根本在于没有"心"的"自信",也就是没有"自信心"。

由"自信"则可推至"信他",像"自信"一样相信他人能够自我立法(推己及人),这样的话人就不会时时刻刻提防他人,更不会另拿一套法来监视和控制他人。而自信则不会招致他人的不信,更不会害怕他法的存在。程颐说:"学贵信,信在诚。诚则信矣，信则诚矣。不信不立，不诚不行。"①

三、己欲立而立人，己欲达而达人

在暴风雨后的早晨，一位男士在海边散步，注意到沙滩的浅水洼里，有许多被昨夜的暴风雨卷上岸来的小鱼。被困的小鱼尽管近在海边，然而用不了多久，浅水洼里的水就会被沙粒吸干，被太阳蒸干，小鱼就会干涸而死。这位男士突然发现海边有一个小男孩不停地从浅水洼里捡起小鱼，扔回大海。男士忍不住走过去说："孩子，这水洼里有几百几千条小鱼，你救不过来的。""我知道。"小男孩头也不回地回答。"那你为什么还在扔？谁在乎呢？""这条小鱼在乎！"男孩儿一边回答，一边捡起一条鱼扔还大海。《论语》记载，孔子让子路去向在田里耕作的长沮、桀溺问路，两人知道子路是孔子的学生后，就说："如同那江水滔滔，遍天下都一般混乱，能够同什么人去改变它？而你与其追随那些试图改变社会的人，还不如跟从那些逃离社会的人。"孔子听子路回报后怅然若失："我们不可与鸟兽合群共处，我们不与人群交往又与什么交往呢？若天下有道，我也不用与你们一起进行变革了。"天下之人因为不知命，所以像小鱼一样遭受桎梏之苦，孔子就如那个小男孩一般，尽管知道自己的力量很微薄，但是他依然坚持，尽管为世人所嘲，但是他不为所动，这是"已立立人，己达达人"的自信之体现，也是"知其不可而为之"的大

---

① 程颢，程颐. 二程遗书［M］. 上海：上海古籍出版社，2011：376.

勇之体现，更是以"先觉"觉"后觉"的大仁大智之体现。

小鱼得水则生，不得水则死，小鱼被卷上岸并不是小鱼的自主选择，而且小鱼被困之后，并不会拒绝小男孩的救助，但是人不一样，人会自动离道而且拒绝他人的救助，所以才有"闻道，大笑之"或"狎大人，侮圣人之言"之人。孔子说："德之不修，学之不讲，闻义不能徙，不善不能改，是吾忧也。"（《论语·述而》）所以孔子才会周游列国推行他的仁道以拯救世人于水深火热之中。"己立立人，己达达人"是一件出力不讨好的事情，有时候甚至会带来生命危险，但是孔子不会因为遇到的任何困难而放弃。这是仁，也是勇，更是信。王阳明说："昔者孔子之在当时，有议其为谄者，有讥其为佞者，有毁其未贤，诋其为不知礼，而侮之以为东家丘者，有嫉而沮之者，有恶而欲杀之者；晨门、荷蒉之徒，皆当时之贤士，且曰'是知其不可而为之者欤！''鄙哉！硁硁乎，莫己知也，斯己而已矣。'虽子路在升堂之列，尚不能无疑于其所见，不悦于其所欲往，而且以之为迂，则当时之不信夫子者，岂特十之二三而已乎？然而夫子汲汲遑遑，若求亡子于道路，而不暇于暖席者，宁以蕲人之知我信我而已哉？盖其天地万物一体之仁，疾痛迫切，虽欲已之而自有所不容已，故其言曰：'吾非斯人之徒与而谁与！''欲洁其身而乱大伦。''果哉，末之难矣！'"[①] 在当时有人讽刺孔子阿谀谄媚，有人说他花言巧语，有人诋毁他的贤能，有人诽谤他不懂礼仪，有人侮辱他为东家丘，有人嫉妒他而阻止他，有人厌恶他而想杀他。他的弟

---

① 王阳明. 王阳明全集[M]. 吴光，钱明，等编校. 上海：上海古籍出版社，2011：91.

子子路对圣学的理解已经达到了登堂入室的地步,尚且对孔学不能毫无疑问,对他见南子而不悦,也因为他强调"正名"而认为他迂腐。可见当时不信任孔子的人之多,不理解他的人之多。然而孔子虽"累累若丧家之犬"却依然"知其不可而为之",他不是为了让天下人相信自己,更不是为了让天下人歌颂自己,只是因为他坚信如果不将自己的"安身立命"之学传于天下,则天下万民苦矣。

王阳明十几岁立志做圣人,一生都在探寻圣人之道,一生都在弘扬圣学,但其心学却不为当世人所接受,虽被诽谤亦不改其志。他和弟子们说:"我这样不肖,怎敢以孔子的圣道为己任?只是我的心也稍微知道一点身上的病痛,所以心中彷徨,四处寻找能帮助我的人,互相讲求除去病痛。现在如果真有豪杰同志扶持匡助我,共同使良知的学说明于天下,让天下的人都知道自己来实现良知,来互相帮助存养,除去自私自利的毛病,清除诋毁、嫉妒、好胜和易怒的恶习,以实现天下大同,那么我的狂病固然能马上治好,最终能够免于丧心得疾患了,多么痛快啊!我靠着上天眷顾,偶然对良知的学说有所见地,认为只有致良知才能天下大治。因此,我一想到百姓的苦难就伤心痛苦,忘了自己才智浅薄,不自量力,想用良知来拯救天下的苦难。"又说:"世上的人看到我这样做,纷纷嘲笑诋毁我,认为我是丧心病狂的人。唉,这又有什么值得顾忌的呢!我正处于切肤之痛中,怎么有空去计较别人的非议嘲笑呢?如果有人看到他的父子兄弟掉进深渊,一定会呼叫着匍匐爬过去,跌落鞋帽攀着悬崖峭壁向下去救人。而那些士人看到这种场景,在一旁作揖相让,在跌落的人身旁谈笑着,认为这个人是丢弃了他的衣冠和礼节,像这样匍匐呼叫，是个丧心病狂的人。作揖相让、谈笑风生，一旁有人跌落而不去救，这只有那些没有骨肉亲情的人才会这样做。然而，已经说过的没有恻隐之心的人就不是人。如果有父子兄弟之爱的人，就会无不痛心疾首，尽力狂奔，以至于匍匐去拯救。他们不顾溺水的危险，还怕被讥笑为丧心病狂吗？又怎么会在意别人的信与不信呢？唉！现在的人即使认为我精神不正常，我也不在乎。天下人的心，都是我的心，天下人中还有病狂的，我又怎能不病狂呢？天下人还有丧心的，我又怎能不丧心呢？"① 世人皆醉而他独醒，醒着的王阳明必然为睡着的人们所不理解，但他和孔子一般知其不可而必为，这是"勇"的体现。"己立立人，己达达人"是需要大勇的，而大勇则来自真正的自信。无论遭遇什么样的困难和挑战，都不改其心。

"知其不可而为"是大勇，也是大信，圣人以天下为己任。《孟子·万章下》记载：伊尹，在天下太平的时候，出来做官，天下混乱的时候，也出来做官。他说："上天创造民众，就是要让先知理的人教育后知理的人，让先觉悟的人启发后觉悟的人。我就是上天创造的民众中先觉的人，所以我要用上天之道去启发上天创造的人。"一想到天下的百姓，哪怕有一个人没有受到尧舜之道的恩泽，就好像是他把那个人推入阴沟中一样。于是伊尹就挑起了天下的重任。所以孟子将伊尹誉为"圣之任者"。著名学者葛兆光说，现在的大学制度正在催生一批趋向于专业而不关怀社会的人，"既是专业知识分子，又是公共知识分子"才是他

---

① 王阳明. 传习录集评［M］. 梁启超点校. 北京：九州出版社，2015：176.

心中理想的状态。著名史学家余英时认为"知识分子"就是"关怀着国家、社会,以至于世界上一切有关公共利害之事"的知识人。这里面的知识分子至少包含了两个层面的内容,第一,知识分子一定是有知识的人;第二,知识分子一定是关切国家、社会乃至全世界之公共利害之事的人。但现在我们的教育培养的多是只有知识,而不关切国家、社会公共利害之事的人。萨特曾经说过一位原子能科学家在研究原子物理时不是知识分子,但是当他在反对核武器的抗议信上签名时就是知识分子。同样,文化研究者在做非政治性的纯学术文化研究时不是一个知识分子,但是当他把文化研究与在具体公共问题上的社会批判联系起来的时候,他就是一个知识分子。因此衡量一个人是否是知识分子的标准是其是否具有敏锐的公共问题意识和明确的社会关怀,其中以汉娜·阿伦特、杜威、布迪厄和哈贝马斯等为典型代表,他们无一例外都是某一领域最杰出的代表,他们的专业化程度更加有利于其为公众解决问题。"天下兴亡,匹夫有责",所以今之学人应当"先天下之忧而忧,后天下之乐而乐",更应当"为天地立心,为生民立命,为往圣继绝学,为万世开太平"。

第十一篇　德性自足

圣人之道，吾性自足，向之求理于事物者误也。

——王阳明

所以谓之圣，只论"精一"，不论多寡……只在此心纯乎天理上用功，即人人自有，个个圆成……不假外慕，无不具足。——王阳明

自古圣贤，未有不由忧勤惕励而能成其德业。今之学者，只要说微妙玄通，凌躐超顿，在言语见解上转。殊不知老师与人为善之心，只要实地用功，其言自谦逊卑抑。《大学》"诚意"章："惟不自欺者，其心自谦，非欲谦也，心常不自足也。"——王阳明

一、此心光明，亦复何言

王阳明五十七岁病逝，他的一生虽然短暂，但是却书写了"立德、立功、立言"三不朽的传奇一生，所以在他临死之际，当他的学生问他有什么遗言的时候，他能够说"此心光明，亦复何言"。这并不仅仅是王阳明对于自己一生的盖棺论定，同时更是王阳明用心良苦，以期在弥留之际最后一次告诫弟子们，"八字遗言"乃是他所创心学之立言宗旨——"圣人之道，吾性自

足"能够带来的非凡意义所在。人只有在自己的一生当中，凭光明之良知（此心光明）指示做事，不自欺，不贵物贱心，不假外求，最后才可以如他一般仰不愧于天，俯不怍于人，以至于无论生命何时何地结束，都能够不留遗憾（亦复何言）。在闻名世界的威斯敏斯特大教堂地下室的墓碑林中，有一段震撼人心的墓志铭：

When I was young and free and my imagination had no limits, I dreamed of changing the world.

As I grew older and wiser, I discovered the world would not change, so I shortened my sights somewhat and decided to change only my country. But it, too, seemed immovable.

As I grew into my twilight years, in one last desperate attempt, I settled for changing only my family, those closest to me, but alas, they would have none of it.

And now, as I lie on my deathbed, I suddenly realize:

If I had only changed myself first, then by example I would have changed my family.

From their inspiration and encouragement, I would then have been able to better my country, and who knows, I may have even changed the world.

墓志铭中文大意是：

当我年少、自由，想象力无限之时，我梦想着改变世界。当我成熟、智慧增长之后，我发现我不能够改变世界，所以我将目光缩短，决定只改变我的国家，但是这也不可能。当我进入暮年之时，在我最后一次绝望的尝试中，我选择只改变我的家人，那些最亲近的人，但可惜的是，他们什么也不会改变。当我现在躺在床上，行将就木时，我突然意识到，如果一开始我仅仅去改变我自己，然后我可能改变我的家人。在家人的帮助和鼓励下，我可能为国家做一些事情，最后，谁知道呢，我甚至可能改变这个世界。

非常有意思的是，此墓志铭几乎是以一种截然相反的方式来印证王阳明的"圣人之道，吾性自足"。此墓志铭，和王阳明之"八字遗言"（在某种程度上也是王阳明的墓志铭）一样，都是在告诫人们，人首先需要改变的是自己。所谓的改变自己就是修炼自己，只有修己才能成己，成己方能成物——齐家治国平天下，最后达到儒家所说的内圣外王的境界，而不是本末倒置，以致到生命的尽头才追悔莫及。大德者必得其位，必得其禄，必得其名，必得其寿，所以修己成德才是根本。当我们还没有天爵的时候就奢求人爵，这是急功近利，但当我们修得天爵，则人爵从之。

曾经有人问世界上什么东西的气力最大，回答各色各样，但是都不对。夏衍有一篇小文章《种子的力量》，他说世界上气力最大的是植物的种子。生理学家和解剖学家希望能够将人的头盖骨完整地分开，但是使尽浑身解数，都没有办法，因为人的头盖骨结合得实在是太致密坚固了。后来有人把一些植物的种子放在要剖析的头盖骨里，给以适宜的温度和湿度，使它发芽，一发芽之后，这些种子便以拔山倒海之力，将一切机械力都不能分开的骨骼，完整地分开了。种子的力量之大，令人叹服。这是一种不可抵抗的生命力，这种力量来自种子的生命本身，无论它遇到多大的阻力，都不能阻止它生长。这种力量的根源在于自我追求，在于永不言弃，在于不外求，在于自足。无论是动植物还是作为高等动物的人，其生命都是自然流动，畅达盎然的，并不需要外界去刺激，去拨动。梁漱溟先生说："只有生命这个东西是活动的，只有人去动别的，没有别的去动人。故人本来是活的、动的。所谓孔家的生活，是不要外面去拨动，人是自己能活动的生命，本来是时时是新的，时时是乐的。乐在心上，人不要去找。放下找的时候便是乐，便是新……生命本来会自己涌现出来而畅达洋溢的，实无待外面去拨动他，才涌现畅达有活泼新鲜的意思，生命他自己本会如此，用不着去拨而后动。"①

二、圣人之道，吾性自足

每个人都绕不过死亡这一关，既然终究会死，为什么还需要活着？无论早晚，每个人都会思考这样的人生问题。臧克家曾在诗中写道："有的人活着，却已经死了，有的人死了，却还活着。"为什么有的人死了，却还活着？那是因为他们给人类文明留下了宝贵的财富，因此他们名垂千古，这何曾不是一种生命自足的体现。明武宗正德元年，王阳明因上书相救以谏忤旨的戴铣、薄彦徽等人，触怒宦官刘瑾，被廷杖下狱。其后阳明被贬谪贵州龙场驿任驿丞。在贬谪途中，刘瑾派人跟踪，欲加谋害，阳明假装投江自杀方得免于一死。正德三年，阳明三十七岁，抵达龙场。《年谱》记其龙场悟道经历曰："龙场在贵州西北万山丛棘

---

① 梁漱溟. 梁漱溟先生讲孔孟 [M]. 李渊庭，阎秉华，整理. 北京. 商务印书馆，2011：58.

中，蛇虺魍魉，蛊毒瘴疠，与居夷人鴃舌难语，可通语者皆中土亡命。旧无居，始教之范土架木以居。时瑾憾未已，自计得失荣辱皆能超脱，惟生死一念尚觉未化，乃为石墩自誓曰：'吾惟俟命而已。'日夜端居澄然，以求静一，久之胸中洒洒。而从者皆病，自析薪取水作糜饲之；又恐其怀抑郁，则与歌诗；又不悦，复调越曲，杂以诙笑，始能忘其为疾病夷狄患难也。因念'圣人处此，更有何道？'忽中夜大悟格物致知之旨，寤寐中若有人语之者，不觉呼跃，从者皆惊。始知圣人之道，吾性自足，向之求理于事物者误也。"①

王阳明从太监刘瑾手中逃过生死一劫，如今再陷入绝境，所以他深深觉得人生变数无常，所有的荣华富贵不过是过眼烟云，永远不会长留。他出生在书香世家，也曾潇洒于朝堂之上，如今却沦落至此，恰恰说明了这一点。于是他也就将荣辱等身外之物放下了，然而生死问题还是久困胸中，无法自化。王阳明在龙场的那一段日子，是焦虑、孤独、虚无、盲目的。在生命遭受威胁的时候，他发现自己的满腹经纶不能给他任何的倚靠和力量。他十一岁立志做圣人，所以他的一生无论是出入佛老、格竹子病倒还是沉溺骑射兵法，都是为了完成自己的圣人之志。在龙场的时候，他同样问自己："圣人处此，更有何道？"他日夜端居石墩旁，在心灵的多次自我对话之后，终悟得"圣人之道，吾性自足，向之求理于事物者误也"。外在的物质世界永远都是变化无常的，时空永远在变化，回想自己曾沉溺于道士修炼长生术，即

---

① 王阳明. 王阳明全集［M］. 吴光，钱明，等编校. 上海：上海古籍出版社，2011：1354.

便能够长生，人又如何能够躲避天灾人祸，得以永生呢？因此没有永恒的物质世界，只有永恒的精神世界，向外求终是南辕北辙，只需向心求就可以了。司马迁在《报任安书》中说："盖西伯拘而演《周易》；仲尼厄而作《春秋》；屈原放逐，乃赋《离骚》；左丘失明，厥有《国语》；孙子膑脚，《兵法》修列；不韦迁蜀，世传《吕览》；韩非囚秦，《说难》《孤愤》；《诗》三百篇，大抵圣贤发愤之所为作也。"人在安逸面前会自动丧失对生命思考的能力，只有在生死悬于一线的时候，才会对自己的人生有一种危机感，进而探寻生命的意义。处于绝境中的人们必定一度希望借助外力摆脱困境，然而最后却发现除了他们自己，他们没有任何可以依靠的力量，因此动心忍性，最后发愤有作为。王阳明也正是在这样的处境中，提出了振聋发聩的"圣人之道，吾性自足"，从此立言，名垂千古。

　　王阳明在龙场悟道前对圣人之道的探索就是一个向外求的过程。在那之前，他完全没有意识到驱使自己一直不断探索圣人之道的是自己一颗纯乎天理、立志成为圣人的心，这才是最根本的动力。直到被贬谪龙场，生命遭受威胁的那一刻，他都没有放弃自己的圣人之志。也正是他的圣人之志，使得他在经过一个恰当的时期之后，能够自然而然地提出自己的圣人之学。王阳明的博学、审问、慎思、明辨、笃行均源于自己的求知欲和向上心，他从来不屈从于父亲的教导，他之好学是真"好"才去"学"的。如果不符合自己的心意，虽旁人要他做，他亦不做。可见王阳明自小就是一个非常有主见的人。他一直都知道自己在做什么，并且始终不屈从外力的影响。无论父亲如何教训他的顽劣，说他不务正业，他都依然我行我素。无论别人如何嘲笑他的圣人之志，他都坚信圣人可学而至。就算面对父亲的打击，他也不认为自己和圣人有什么巨大的差别。王阳明对于自己的言行举止一直有着非常好的掌控。所以对于他的整个生命而言，他一直自足，只是他自己意识不到，因此不断外求，于是才有了五溺，才有格竹子的弯路。

王阳明自己本身没有意识到其实自己的视听言动早已经接近圣人的境界了。比如不管得失毁誉而遵循良知的选择，不管他人指点评价而对圣人之志的坚守、外圆内方、自然不动心等。只是在龙场悟道之前，他没有一个恰当的时机，让他有所觉悟而已。可见龙场悟道有两个非常重要的意义：一个是奠定了王阳明整个心学的宗旨，从而标志着王阳明心学的诞生；另一个是王阳明给自己的言行举止找到了理论依据。从此之后，直到死亡的那一刻，他都一直践行自己的心学信条，也一直在检验自己的圣人之学。以龙场悟道为分水岭，在这之前他一直在探索圣人之道，在这之后，他不断践行、检验和完善自己的圣人之学。因此王阳明心学与他本人的生命轨迹近乎完美地融合在一起，他的生命螺旋式前进，始终蕴含活力，他的学说也不断完善和修正。

三、破山中贼易，破心中贼难

龙场悟道后，王阳明开始收徒讲学，希望弟子们炼就一颗自然不动之心，从而能够将自己的心学弘扬天下。1517年，王阳明受命到江西赣州剿匪，他给弟子们写信道："破山中贼易，破心中贼难。"山中贼是指江西土匪，心中贼是指私欲杂念，在王阳明看来，只要能够破心中贼，听从自己的良知，那么破山中贼是自然而然的事情。王阳明心学的力量很快就在剿匪中体现出来，他洞悉敌人的心理，以毒攻毒，以贼攻贼，无往而不胜。王阳明心学为何称为心学？因为这是一门教人用心、看心的学问。心外无物，心外无理，心即理，一切道义均在你的心中，只要你不自欺，就会战无不胜。王阳明坚信知己知彼，才能百战不殆。如何知己？在战术上要先找到自己一方的弱点，然后一一加强。在心态上无论成败荣辱，都要求士兵做到不骄不馁，保持斗志昂扬，做到自然不动心。王阳明经常对弟子们说，疑心生暗鬼，只要敌人一疑（动心），战争就已经胜利了一半。王阳明就是这样依靠自己的攻心术，在短短一年的时间内立下赫赫战功。

在征讨南赣，安定当地百姓之后，王阳明曾多次想要辞官返乡，但是不巧遇上了宁王之乱。其实对于宁王叛乱之事他完全可以像其他官员一样，视而不见、听而不闻。但是他的良知告诉他，为了江山社稷，为了黎民百姓，他应该要去平定宁王之乱，所以他就听从自己的良知去做了。而他用兵的出神入化，其秘诀都在于听从自己的良知办事。运筹帷幄之中，决胜千里之外，在调兵遣将的过程中，他也是听从自己的良知行事，所以都能够大捷。王阳明能够战胜朱宸濠简直就是奇迹，当时军事力量对比悬殊，如果没有王阳明的气魄，恐怕连面对的勇气都没有。王阳明和弟子们说，且不管朱宸濠兵将多少，他造反不合天道，不得人心，注定是无以成事的。王阳明之所谓圣人尽心、知天知命，就是指圣人能够不做违反良知的事情，因为违背良知必违背天理，邪不胜正，失败是必然。从朱宸濠起兵到被俘，王阳明平定他仅仅用了一个多月的时间，这堪称历史上的一次军事奇迹。因为王阳明的卓越战绩，弟子常常问他"用兵有战略技巧否"。王阳明回答说:"哪里有什么技巧,不过是努力致良知,养得此心不动罢了。如果非要说技巧的话,那就是自然不动心。不动心不是轻易就能做到的,非要在事上磨,在自己的良知上用功,把自己锻造成泰山压顶色不改,麋鹿在眼前而目不转的人,才能真正不动心。"

由此可知,儒家为何一再强调内圣才能外王,为何强调为己之学,为何强调修身之后才能够齐家治国平天下,那是因为人只有对于世间成败利害无动于衷之后才能拥有大无畏之精神,才会不因挫折而心灰意冷,才会面对得失毁誉而不动心,才会对于功名利禄泰然处之,从而成就大业。王阳明说:"君子之学,务求在己而已。毁誉荣辱之来,非独不以动其心,且资之以为切磋砥砺之地。故君子无入而不自得,正以其无入而非学也。若夫闻誉而喜,闻毁而戚,则将惶惶于外,惟日之不足矣,其何以为君子!"[①] 王阳明被贬谪贵州龙场,在某种程度上也是天降大任于他之前对他的一番考验。王阳明心学对于许多成大事者都有极大的帮助的根本原因就在于,他的心学实际上就是一门修身炼心的学说,更是指导人们提高生命自觉,修炼人生智慧的法宝。孟子说:"舜发于畎亩之中,傅说举于版筑之间,胶鬲举于鱼盐之中,管夷吾举于士,孙叔敖举于海,百里奚举于市。故天将降大任于是人也,必先苦其心志,劳其筋骨,饿其体肤,空乏其身,行拂乱其所为,所以动心忍性,曾益其所不能。"(《孟子·告子下》)所谓"苦""劳""饿""空"均是磨练意志,修炼身心,而后才

---

① 王阳明. 王阳明全集[M]. 吴光,钱明,等编校. 上海:上海古籍出版社,2011:231.

能"动心忍性，曾益其所不能"。王阳明的学说，毫无疑问，就是教导人们认识自己，了解自己，不管外界的风云变幻，不管世界的灯红酒绿，只听从良知的指令来做事，那么就会收到意想不到的效果。无论何时何地，永远不向外求，牢牢把控自己的生命，"德性自足"之谓也。

人的一生好比一场马拉松，在这个过程当中，需要很多的能量才可以不断朝着终点前进。我们每个人的能量总是不断地在消耗，我们当然很希望能够时时得到别人的能量援助，但是每个人都需要参与这场马拉松，每个人都需要源源不断的能量，所以别人能够给予我们的能量是非常有限的。或者别人并不了解我们，给我们的能量有可能并非是自己想要的。有时候更可怕的是别人给我们的能量实际上是一种负能量，只是在当时的时空下却被划定为正能量。最致命的是因为长期外求能量，慢慢地我们完全丧失了自己能够给予自己能量的能力。第一种情况，当我们急需能量而没有及时得到补充的时候，因为一时的严重欠缺，然后就死了。好比患有地中海贫血症的人，因为没有血源，血液供应不足而死。第二种情况是别人经常会给我们能量，但是却不是我们真正需要的能量，长此以往，还是会因为缺乏所需的能量而死去。比如因为各种生活困境而导致抑郁，或因为各种不满而自杀、杀人。第三种是因为我们吸收了负能量，然后我们将这种负能量作用于社会，最后把他人和自己都毁了。比如二战期间集中营里的刽子手，比如阿伦特所说的"平庸之恶"等。第四种是前三种的必然结果，因为总是外求，我们渐渐失去了自己的生命力，不自觉地放弃了自己能够顺利到达马拉松终点的能力，最终成为完全由外界掌控的傀儡。具体表现为我们习惯被安排，甚至喜欢被安排，总是期待别人告诉自己确定的东西，我们不敢跳出那些师长或所谓的权威给自己画定的框框，因为跳出这些框框，是充满风险的未知。对于不确定的恐惧和焦虑体现在我们生活的方方面面，包括求学和工作，包括友情爱情，包括衣食住行，于是自己不知不觉选择了这样的生活：今天过得怎么样？和昨天一样；昨天做了什么？和前天一样……所以王阳明强调自足。因为自足，他才能对自己的圣人之心孜孜以求，永不懈怠；因为自足，他才能多次死里逃生；因为自足，他才能对于得失毁誉从容淡定。自足可以让每个人的生命始终充满能量，充满活力；自足可以使得每个人牢牢把控自己的生命轨迹；自足可以使人把自己的能量无限开发出来，从而创造无限的可能和奇迹。

结语 君子公民,其可待乎?

培养君子公民,是中国现代化的需要。鸦片战争以来,几代中国人孜孜以求的理想就是以现代化的方式实现中华民族的伟大复兴。现代化不仅仅意味着经济、政治等方面的变革,更是以传统人格转向现代人格这一人之转型为核心。正如英格尔斯(Alex Inkeles)所指出的:"一个国家,只有当它的人民是现代人,它的国民从心理和行为上都转变为现代的人格,它的现代政治、经济、文化管理机构中的工作人员都获得了某种与现代化相适应的现代性,这样的国家才可真正称之为现代化的国家。"① 现代公民恰恰是现代文明视域中的人之形象。可以说,能否培养出合格的公民,是一个国家是否实现现代化的基本标志。这也就意味着,中华民族必须要实现由传统君子形象向现代公民形象的转型。"君子公民"就是基于对这一人之现代转型的洞察和正视而提出的,其侧重于"君子公民"之中的"公民"一维。

培养君子公民,是中国文化的需要。现代化是一个世俗化的过程,在这个过程中,一方面中国取得了举世瞩目的辉煌成就,另一方面也涌现出了诸多问题,如人行其道的功利主义,利益至上的人际交往等。如何重建道德与斯文之邦?这就需要在有所损益和创新的基础上,接续和发展中华民族的君子之道。"君子公

---

① 艾历克斯·英格尔斯. 人的现代化 [M]. 成都:四川人民出版社,1985:8.

民"就是基于对中华文明这一伟大传统的继承和发展而提出的，它不采取虚无主义的历史态度，而是本着人文教化的薪火相续，自觉挖掘和承续修身为本的传统责任伦理，其侧重于"君子公民"之中的"君子"一维。

培养君子公民，是中国教育的需要。在经过了近代以来基本常识的启蒙之后，越来越多的人已经意识到，不应在教育中对现代与传统作"二分法"式的简单对立处置。现代不能轻易否弃传统，传统也要走向现代。可以说，以君子人格为核心的君子教育思想是中国教育现代化的重要本土资源。而把"君子"与"公民"结合起来的"君子公民"就是要把修身为本的传统责任伦理和自由为本的现代权利道德结合起来。这一结合意味着，君子公民既立足于传统，又不止步于传统；既有重大发展，又不割断与自己母体文化之间的脐带，而是带有一种温情和敬意。

君子公民带着丰厚的历史传统，又放眼人类文明。没有公民，就没有现代化；没有君子，就没有中国魂。我们既需要科学、民主与法治的支撑，同时也需要人文与道德的滋养，它们共同捍卫着中华民族的人性尊严。一言以蔽之，人以文化而君子，人以制度而公民。培养君子公民不仅具有必要性和可能性，而且具有现实性。

君子公民，其可待乎？这应该是我们努力的方向！